廉价

[美] 阿曼达·弗里曼（Amanda Freeman）
　　 莉萨·多德森（Lisa Dodson） ◎著

彭　萍　王仕琦◎译

GETTING
ME
CHEAP

中国出版集团
中译出版社

GETTING ME CHEAP: How Low-Wage Work Traps Women and Girls authored by Amanda Freeman and Lisa Dodson.
Text © 2022 by Amanda Freeman and Lisa Dodson.
Published by arrangement with The New Press, New York
Simplified Chinese translation copyright © 2025 by China Translation & Publishing House
ALL RIGHTS RESERVED

著作权合同登记号：图字01—2024—1484号

图书在版编目（CIP）数据

廉价 / (美) 阿曼达·弗里曼 (Amanda Freeman), (美) 莉萨·多德森 (Lisa Dodson) 著；彭萍，王仕琦译. -- 北京：中译出版社, 2025.3. -- ISBN 978-7-5001-7954-2

Ⅰ. D771.286.8

中国国家版本馆CIP数据核字第2024UA4069号

廉价
LIANJIA

出版发行：	中译出版社
地　　址：	北京市西城区新街口外大街28号普天德胜主楼4层
电　　话：	（010）68359827；68359303（发行部）；68359725（编辑部）
传　　真：	（010）68357870　　电子邮箱：book@ctph.com.cn
邮　　编：	100088　　　　　网　　址：www.ctph.com.cn

出 版 人：	刘永淳	出版统筹：	杨光捷
总 策 划：	范 伟	策划编辑：	刘瑞莲　杨佳特
责任编辑：	刘瑞莲	执行编辑：	杨佳特
营销编辑：	董思嫄	封面设计：	一叶纸设计

排　　版：	北京中文天地文化艺术有限公司		
印　　刷：	山东新华印务有限公司		
经　　销：	新华书店		
规　　格：	880 mm×1230 mm　1/32		
字　　数：	135千字	版　　次：	2025年3月第1版
印　　张：	6.25	印　　次：	2025年3月第1次

ISBN 978-7-5001-7954-2　　　　定价：55.00元

版权所有　侵权必究
中译出版社

目 录
CONTENTS

作者手记   *I*

第一章   女孩挺身而出   *001*

第二章   随时轮班工作   *028*

第三章   廉价的护理工作   *051*

第四章   母性的中心地位   *074*

第五章   托儿服务的空头支票   *094*

第六章   悬崖边缘的母亲与孩子   *114*

第七章   我们被困在原地   *135*

第八章   号召我们共同前进   *160*

后 记   *176*

致 谢   *180*

注 释   *181*

作者手记

2019 年，新冠疫情暴发之前，美国布鲁金斯学会发布了一份记述低薪劳动力的报告：约 5300 万美国人每小时平均工资收入仅为 10.22 美元，或者基本没有收入[1]。在美国劳动力市场，这部分人员中女性、黑人、拉丁裔和外籍劳工所占比例奇高。其后两年，随着新冠疫情暴发，这些女性显然成为受害最深的职场群体。2020 年春，美联储主席杰罗姆·鲍威尔曾这样说过："受到伤害最严重的……收入最低的人群，其中绝大多数是女性。"

在鲍威尔发表此番言论之前，我们已经连续多年倾听低薪妈妈的心声。最贫困人口受新冠疫情的冲击最大并非新鲜事，丝毫不令我们感到惊讶。低薪女性主要从事餐饮服务工作，在杂货店当店员，从事零售工作，或者做清洁工和儿童保育员，她们还在迅速扩大的家庭康复、老人和个人护理工作市场中寻求机会。在美国，这些无聊的工作主要由女性完成——黑人和亚裔女性占比奇高。这些女性抚养着全美国一半以上的孩子，为高收入人群提供服务，满足这些人的职业和家庭需求。这些女性努力帮助富人维持安逸和幸福的生活，却只能依靠微薄的收入照顾自己的孩子和家庭。

正如一位女性多年前曾对我们说过："他们让我变得廉价。"

我们与低薪女性对话时,她们反复提及和强调的忧虑及价值观成为本书的主线,但整本书并非一个线性故事,也并非眼下党派辩论所塑造的那些故事。相反,本书反映了低薪女性为我们描绘的生活,尤其是她们陪伴孩子同时还要应对多项工作而不断变换身份的生活。我们倾听她们讲述自己的故事,包括更换工作、重返校园、参军、搬家以及有时申请公众补助金来补贴自己微薄的收入。多年来,美国各州有一件事从未改变过:母亲身份和孩子始终是上述女性生活的中心。

聆听贫困劳动女性的心声

十年来,我们参与了各种研究项目,所有项目的设计和开展都有低收入女性参与,[2] 而且与地方、州或国家层面的某一机构合作,这些机构致力于实现贫困劳动女性及其家庭和社区的经济平等。这些机构的网络系统对我们的工作至关重要,特别是这些机构在低收入群体、黑人、原住民和有色人种(Black, Indigenous, and People of Colour,简称为 BIPOC)及移民社区的可信度。我们的可信度也很重要,在受邀接触或会见这些网络系统中的低收入女性之前,我们都通过了审查。此外,在确定研究方法时,我们试图招募多样化研究团队,其中包括在项目核心问题上有个人经验的低收入女性。

我们共与 250 名低收入母亲进行了交谈,她们身份各异,包括非裔美国人或黑人、白人、拉丁裔、"混血儿",还有少数母亲是原住民或美洲原住民。研究在马萨诸塞州、科罗拉多州、特拉华州、密歇根州、俄勒冈州、佐治亚州、宾夕法尼亚州、纽约州、华盛顿和康涅狄格州等地展开，使用两种常见的研究方法收集信息：面对面访谈和小组访谈。这里的小组访谈是指小组讨论及社区对话。面对面访谈的方法多种多样，某些情况下，我们与受访女性接触一次，有些情况下，则与受访女性多次接触，在受访者的家中、操场或学校见面，有时甚至在当地项目办公室见面。考虑到母亲们超负荷的日程安排，我们还使用了电话采访，后来在新冠疫情期间，全部改为电话采访。

访谈或社区对话在社区中心、教堂和学校等当地场所举行，大家通常围坐一桌展开讨论。大多数情况下，母亲们相互之间都没见过面，不过她们往往可以通过邻里关系和孩子的社交网络建立联系。与个人访谈相比，小组访谈在很大程度上是开放的，以家长们提出的问题为主导。和采访一样，谈话总是围绕孩子的身心状况、学校教育、儿童保育等问题展开，还会围绕工作和社会福利以及紧迫的健康问题和家庭问题进行大量讨论。会面时，如有需要，我们会提供儿童照管服务和餐食。如有可能，我们会用购物礼品卡或现金对参与者花费的时间进行补偿。为保护受访者，这些女性的真实姓名和辨识度较高的细节均已更改，并鼓励受访者跳过自己不想回答的问题。

志同道合

十五年前，正是共同的经历促使我们在波士顿学院社会学系一起工作，团队里有研究教授，也有在读研究生，大家都是白人女性。在研究生迎新会上，阿曼达自我介绍时说她是一位单身母亲，这让莉萨非常震惊。当时，阿曼达正在照看自己两岁的女儿，在纽约市为单身母亲开设写作讲习班。莉萨也曾是一名单身母亲，也曾一边照顾婴儿一边在研究生院学习，还有一份全职工作，并一直为促进妇女经济公平的组织工作。莉萨意识到阿曼达即将面临巨大的困难。接下来的几年间，我们一起开展研究，分享思想和作品，努力把有关低收入母亲和儿童的制度化不平等公之于众。

与我们共同的生活经历及合作相比，更重要的是，我们都明白，从自己所受的教育和未来的收入来看，最艰难的时期是暂时的。吸引我们一起工作的首先是共同的承诺，即利用研究、写作和社会舆论等学术界的权利与其他母亲建立联系，如果没有国家层面经济方面的安排，这些母亲将永远无法摆脱工作贫困。这就是我们创作本书的初衷。

第一章 女孩挺身而出

玛 雅

"我在学校表现优秀……接下来一切都落在了我身上。"

三十一岁的玛雅是一位拉丁裔母亲,有两个年幼的孩子。她十分自豪,因为自己在整个高中阶段都是一名优秀的学生——"在学校的时候,我非常用心,表现得非常非常好,什么都参加,比如人际关系俱乐部、辩论队,每天放学后,都留在学校,自己做这些事情。我总是主动出击,就像和自己签了约。比如,参加技术项目,赢得了去纽约的旅行。所以我真的、真的很喜欢学校。"

玛雅在家中排行老大,有五个弟弟。父亲工作不稳定,不断换工作,"就像永无出头之日的工作,呃,就是说,不是这里就是那里,呃,但都是不上台面的工作。我妈妈从来没工作过"。玛雅一家的收入来源并不确定,有合规的,也有上不了台面的,还有一些社会福利。尽管家庭收入不稳定,玛雅还是很享受高中生活,表现出色。但后来,"家里的重担落在了我肩上,弟弟们需要有人照顾"。

那时,玛雅决定把所有精力都放在弟弟们身上,不再关注自己的未来。尽管毕业时成绩很好,但"在那之后就无法继续读书了,因为不得不挑起大梁,我是六个孩子中年龄最大的,有五个弟弟……嗯,我现在三十一岁,大弟弟才二十五岁。我高中毕业的时候,他只有十二岁,其他弟弟就更小了。所以既然我们的父母当时真的无法照顾好我们,我就不得不挺身而出"。

玛雅的故事在很多方面显得独一无二,但对于在工作贫困家庭中长大的女孩,这种经历很普遍,我们听到过很多这样的故事。就像一个跨越种族、民族、宗教、地域和出生国的剧本,讲述的是扮演成人角色的孩子,因为他们父母的收入不足以为这些孩子购买一个童年。家族史和文化决定了女孩"挺身而出"的天性。女性可能会从种族身份、移民经历和亲属关系网出发,谈论她们如何被教导去帮助家人克服一波又一波艰难困苦。有些人,比如玛雅,谈到了低薪父亲,还谈及了自己的母亲,她的母亲无法满足始终由女性承担所有家务和照看的需求。一些人谈到单亲妈妈身兼两份工作,需要孩子来应付家庭生活,而且她们大多依赖女儿。一些人描述了几代同堂和重组家庭的问题,有需要照顾的堂/表弟妹,有帮助抚养孩子但随后需要回报的(外)祖母。描述各不相同,但归根结底,都会归结为微薄的工资,归结为生活在一个无法为孩子提供保护和养育的社会。除非这些孩子的父母很富裕,否则这些工人领取微薄的工资,孩子就会像一位母亲所说的那样遭到"抛弃"。在美国,这是低收入家庭在女性少女时期的共同特点,但在大多数公平叙事和女性主义叙事中往往不被提及。

玛雅很清楚家庭需求会影响她人生的下一阶段。"所以那之后,我真的没有做其他任何事情,除了上班,呃,就是照顾我和弟弟们。住在家里,你只能在家里帮忙和工作。而我又是家里的最大的孩子，当时我二十一岁，三年后，我与弟弟们继续和妈妈在一起。"

回首往事，玛雅解释了自己和伴侣做决策时如何考虑家庭需求。他们本来有能力带着自己的新生儿开始独立生活，但"我们觉得她（玛雅的母亲）没有做好独自生活的准备，比如，承担所有责任，所以我们在某种程度上搁置了自己的生活，以维持弟弟们当时的生活，直到我们可以离开他们，就是搬走，搬出去，开始自己的生活，不必担心妈妈和弟弟"。

玛雅谈到父亲无法获得更高收入，母亲被贫困和孩子们的需求压得喘不过气来。尽管玛雅热情洋溢，活力四射，但她还是被困住了，生活暂时停下了脚步。"我的妈妈，只是没有足够的斗志来真正战胜一切，比如克服当时面临的困难。所以她只是在某种意义上放弃了，我不得不留下来照顾弟弟们。他们可能最终会过上与父辈相同的生活，或者会走上一条与之前完全不同的道路。但是像我们这样坚持并不断投入，确实有帮助，至少在他们能够自食其力之前有用。"

糟糕的经济环境使父母工资微薄，政府的政策又将家庭置于国家优先事项的最底层，最终就只能由孩子们留下来，放弃自己的青春和梦想。低薪工作普遍存在，女孩的存在又成为其中的隐性成本。

贝拉：工作就是做家务

2016 年，工薪阶层的白人贝拉描述了自己的家庭需求，与玛雅面临的情况极为相似。莉萨在波特兰市中心的一家咖啡馆见到了贝拉,这座咖啡馆在贝拉就读的城市大学附近。贝拉带来了五岁的女儿,孩子拿出了纸和蜡笔。贝拉说:"她已经习惯等我了,很有耐心。"

贝拉在美国西部农村长大,旁边就是多年来失业率居高不下的小镇。贝拉的家人一直努力工作,但始终很穷。贝拉的父母在农忙季节做农活,其他时间在当地做些服务工作,这些工作会随着旅游业、农作物和天气的变化而变动。父母会欣然接受一份突如其来的工作机会,即使这会给家庭带来混乱,但工作可以使家庭收入增加几千美元。贝拉带着明显的自豪感描述了父母的辛勤工作及为家庭生存所付出的努力。不过,她也提及,挣钱意味着父母"失踪"了,有时甚至长达数周,贝拉的父亲离家的时间会更长。父母离家后,贝拉和自己的兄弟姐妹不得不照看房子和农场,"当时在学校不能谈论这些"。现年三十五岁的贝拉认为,在她生活的西北部农村社区,其他孩子"情况都一样,可是你只知道不要谈论这些"。这种生活方式产生了一些影响,比如,没人关注她的功课或出勤情况。贝拉的妈妈打电话回家时,会询问学校的情况,但"真的,我们怎么说都可以,她还能怎么办?"。

在贝拉看来,父母为挣到足够的钱而不懈努力,导致孩子们不能定期上学,容易陷入"危险的麻烦"。最终,贝拉高中辍学,二十多岁时获得了普通高中同等学力证书,然后作为单身母亲,带着一个五岁的孩子,开始攻读大学学位。贝拉认为,因为家庭需求的重压,自己的每一步都慢了一拍。与贝拉、玛雅一样,我们采访的很多女性都认为,早期家庭需求是决定自己生命历程的主要影响因素。不过,和高收入(主要是白人)女孩的困境相比,工薪阶层女孩的生活困境受到的关注要少得多。高收入女孩在自尊、身体形象、性别角色和"能动性"方面所做的努力均有据可查,也因此成为对女孩"赋权"和性别平等研究的主题。

很少有人关注低收入家庭儿童工作的研究和政策,但现实却正如玛雅和贝拉讲述的那样。一些研究发现,这些孩子是重要的照料者,他们成年之前的部分或大部分时期要么照顾年幼的弟弟妹妹,要么被年长的哥哥姐姐照顾。在我们的访谈中,外出工作的贫困妈妈都讲述了孩子小时候所要肩负的这些责任,都存在有时被称为"小母亲"的现象——这种带上了性别烙印的看护工作被研究人员描述为女孩职责,女孩们几乎都不反思,也并不抗拒,无论对她们的生活产生了怎样的影响。[3] 有关移民儿童的研究表明,强烈的家庭责任感虽然会导致巨大的付出,但也是力量和认同感的源泉。二十多年前,埃布尔·巴伦苏埃拉研究了儿童在墨西哥移民家庭重新安置过程中的责任,[4] 发现儿童承担了相当大的责任,而且承担了需要做出详细解释的任务,比如为父母做翻译,表达家庭的需求等。这些任务中,女孩比男孩参与度更高。最近有关青少年照顾弟弟妹妹的研究也反映了这一模式。哥哥可能会提供宝贵的存在感和游戏时间,而青春期女孩则为弟弟妹妹提供本应由母亲提供的身体和情感照顾。

吉妮西丝

"我必须牢记,自己是姐姐,不是妈妈。"

2021 年 11 月,在《纽约时报》的一篇文章中,伊丽莎·夏皮罗和加布里埃拉·巴斯卡尔两位记者向读者介绍了吉妮西丝。吉妮西丝是曼哈顿北部一名高二学生,一家人来自多米尼加共和国。[5]吉妮西丝一心想上大学,她喜欢建筑,渴望展翅高飞,但新冠疫情打乱了她家的生活节奏。在记者记录的六个月里,吉妮西丝不仅要在线学习高中二年级的课程,还要负责监督六岁的妹妹美雅学习。她们的单亲妈妈打两份工,所以吉妮西丝不得不叫妹妹起床,给她喂饭,为她打开电脑。"一天的其他时间都在完成自己的任务和关注美雅的需求之间来回切换,而后者总会胜出"。几个月过去了,吉妮西丝每天都要花几个小时帮妹妹学习阅读。吉妮西丝描述自己的角色时说:"我必须牢记,自己是姐姐,不是妈妈。"但她担心自己的母亲太过艰难,所以展望未来时,吉妮西丝很难抛下美雅和努力工作的妈妈去上大学。

经历了一些波折之后,在朋友和家人的帮助下,吉妮西丝凭借顽强的毅力顺利完成了高中学业。重要的是,大家知道了她的经历。《纽约时报》刊登的这篇纪实文章引起了关注,揭露了美国女孩生活中一个长期被忽视的真相。然而,虽然细节和特征各不相同,年轻的吉妮西丝在日常生活中所表现出的需求和能力几十年来一直在美国各地不断重复。

不平等的少女时代

安妮特·拉鲁的研究总结并探讨了美国各阶层和种族育儿方法的差异。[6]富裕家庭的子女受到父母无微不至的关怀,主要表现在通过丰富多彩的活动、辅导、运动和其他机会进行个体培养。与此形成鲜明对比,工薪阶层则期待子女能够自给自足,不管是在学校时，还是之后面对更宽广的世界，都能在人生的重要节点担负起责任。克莱尔·米勒的研究表明，不论收入水平有何差异，所有父母，都渴求这一目标，但低收入父母之所以失败，是因为他们没有时间和资源可以和别人轮流送孩子上学，也没有时间和资源参加各种活动。[7] 母亲们告诉我们，自己被迫从事低薪工作和搭伙照顾孩子时会感到内疚，这两项工作往往是分开的。她们经常让孩子"自己照顾自己"，并依靠年长的孩子（主要是女孩）照顾年幼的孩子。莉萨记录了一个十几岁女孩的故事，听到其他女孩描述自己日常的家庭照护工作时，她说："这都是真的，太像了，我也是大女儿……和妈妈以及三个弟弟妹妹住在一起，所以我必须扮演父亲的角色，不得不充当父亲……这是一项重大责任，让我改变了很多。"

温迪·卢特雷尔指出，学校在强化这种层级机制方面发挥着重要作用。[8] 她研究了学校如何围绕"'无忧无虑'学生假象"进行教学。或许，"无忧无虑"的家长就是幕后完成各项工作的那位女保姆。这种模式实际上可能是美国富家子弟的实际情况，他们的一些看护工作由雇工完成。我们也了解到对孩子们学业的预期，这些预期在很大程度上忽视了家长面临的劳动力市场压力，这些压力对家庭生活的影响超过了低收入贫困的影响。对于数百万从事低薪工作的父母来说，不稳定性和不确定性是绝对的。家境富裕的孩子，不需要做日常照护工作，也没有经济压力，他们的家庭可以购买各种照护和培养服务，购买技术以及满足孩子们自由追求自我修养的一切。但对工薪阶层和贫困家庭的孩子来说，这样的童年仿佛另一个国度，遥不可及。在美国，童年是一种商品，专供有钱人购买。

在美国，低收入和高收入群体中的女性在成长过程中存在的差异体现在诸多领域。临床心理学家、哈佛大学公共卫生学院讲师丹·金德伦描述了自己的发现，即有关当今"后女权主义"一代年轻女性的发现，部分研究来自他女儿垒球队的训练。正如金德伦所述，与自己的母亲不同，"后女权主义"一代女孩认为享有平等的权利理所当然，她们甚至在成绩、荣誉、毕业率和学历（大学及以上）方面优于男孩。金德伦向《哈佛杂志》解释说，这些"阿尔法女孩（alpha girls）……开始发生心理转变，即内在转化，也就是西蒙娜·德·波伏瓦 1949 年预测的那种转化。'（女性）迟早会实现完全的经济和社会平等，由此将带来内心的蜕变'"。[9] 同时金德伦补充到现在女孩都在说："我拥有历史上其他女性从未拥有过的灵活性，或者说肯定不会受任何约束，可以扮演任何角色——'来吧'。"

女孩的生活及其日益增长的能力，在以白人为主的高收入家庭中引起了共鸣。但是，女孩赋权运动、开辟通往 STEM［科学（science）、技术（technology）、工程（engineering）、数学（mathematics）］职业的女性主义道路、培养女孩领导技能等并没有出现在我们所听到的故事中。与我们一起追溯自己个人经历的很多女性都提到，从一开始，家庭关系和残酷的低收入贫困在她们身上打下了深深的烙印，经济压力使她们的母亲出卖廉价劳动力，而这背后，孩子们通过充当成年人来贴补家用。在工作和家庭讨论中占主导地位的个人选择模式会忽视低收入女性，同样，有关女孩生活的主流叙事也往往忽视低收入家庭中的少女。

阿兰妮娅

"没有其他人了。"

2020年夏，莉萨正在收集相关报道，了解新冠疫情期间家庭托儿所面临的挑战。三十多岁的非裔美国妇女阿兰妮娅描述了人们对托儿所的不同要求。她指出，即使在最好的时期，儿童保育都是一项艰苦的工作，疫情期间，这项工作变得困难十倍。接着，她又喃喃自语道，她二十出头的时候"决定辞掉（医疗技师）工作，开一家托儿所，因为弟弟还小，无法照顾自己的孩子"。

到2020年，阿兰妮娅从事儿童保育工作已超过十二年。"实际上，我有医疗技术背景，获得了相关学位，但仅仅因为自己的侄子才从事儿童保育工作。他得了白血病，而且在托儿所期间一直生病。"阿兰妮娅最终认为，要确保自己脆弱的侄子安全，唯一的办法就是亲自照看他。

"我辞掉工作，开了一家（家庭日托所），因为我弟弟还小，他十四岁的时候被我收养。他自己的孩子经历着太多麻烦，而我弟弟还年轻。"

莉萨：等一下，阿兰妮娅，我们可以回顾一下你的经历吗？你收养弟弟的时候几岁？

阿兰妮娅：我十九岁，当时我们住在威斯康星州。收养弟弟的时候，他十四岁，我妹妹十二岁。

莉萨：你收养了自己的弟弟和妹妹？

阿拉尼亚：是的。

莉萨：你当时十九岁？

阿兰妮娅：对，没有别人了。

阿兰妮娅收养了比自己小的家庭成员，最终使姐弟和姊妹关系变成了两代人之间的关系。"我也成了妈妈——而我弟弟十五岁有了一个孩子，所以我真的有了一个新生儿。我开了托儿所，呃，从医务工作转向儿童保育。我真的很喜欢当时从事的医疗技术工作。如果我继续做那份工作，结果可能会更好，但有了我的弟弟妹妹，后来还有了我自己的孩子，这似乎是唯一有效的方法。"

阿兰妮娅的侄子确诊患有白血病，当时才十个月大。"他妈妈当时十六岁。他（阿兰妮娅的弟弟）还是个孩子，却有一个受伤住院的婴儿。每次受伤，孩子的住院时间都很长。所以，我在学校除了完成临床学习，成为一名超声技术人员，也开始做一个儿童保育项目。我学习两份课程来做好每件事。后来完成了超声检查的学习，找到了一份相关的工作。不过我也申请开了一家托儿所，想让自己的侄子待在一个安全的地方。我用了一年时间努力准备各种材料，托儿所终于开张了。我侄子去世前只在那里待了四个月，他太小了。但是，我已经竭尽全力开始从事儿童保育工作。这就是我的经历，从那以后，我一直在做儿童保育工作。"

虽然阿兰妮娅在一个处境艰难的家庭中长大，经历非常特殊，但与其他女性有相似之处。过去十年间，我们听到很多女性详细描述自己从少女时代就开始照顾别人的经历。就像阿兰妮娅在接受采访时漫不经心一样，有时我们会听到受访者偶尔提及每天放学后照顾残疾的（外）祖父母，或者在父亲过早离世后承担赚钱或育儿的责任。父母失业、突然搬家或亲戚来访时，都会叫女孩帮忙。尽管这些个人描述各具特色，但符合数十年来有关低收入家庭经济、教育、就业和家庭破裂的统计研究。不过，关于低收入贫困造成家庭破裂的影响如何蔓延到儿童身上，尤其是女孩身上，这样的追踪要少得多。

这些描述有一个共同特点。贫困工薪家庭的日常需求和长期存在的混乱状况对不同性别的孩子提出了不同需求，很多女孩认为必须满足这些需求。低薪父母，尤其是单身母亲，可用来维持家庭正常运转的手段有限，可能会加班或者夜间打第二份工，不在家的时间更长。这些父母也可能会使家庭成员增加一倍，使本来就十分狭小的空间居住更多的孩子。低薪父母还可能会使用一些灰色方式赚取额外收入，但是，用来获取更多收入的任何策略都需要付出成本，其中通常包含更多的照看工作。

保持家庭完整：妇女和女孩的基本工作

新冠疫情之前，美国有 2700 多万儿童生活在低收入或贫困家庭，其中很多是工薪家庭。美国国家贫困儿童中心的数据显示，超过一半贫困儿童的父母中至少一人拥有全职工作。[10] 这些父母从事全国收入最低的工作，特别是主要由妇女完成的工作，她们缺乏时间，工作不规律，没有体面的工资。这一劳动力市场真实地反映了我们收集的生活故事，因为工资实在过于微薄，很多母亲只好让孩子帮助填补收入差距。母亲们告诉我们，这种模式不可避免。父母的收入不足，无法为自己的孩子购买稳定、安全和受保护的童年所需的一切，就必须想办法增加收入或降低上班的成本。很多母亲在过去十年间的购买力不断下降，唯一的选择是让其他人（通常是女儿）加入为家庭谋生的行列。聆听女性描述自己的经历时，会发现她们将这种少女时代的模式描述为一种常见的普遍事实。这是一个关于年轻、贫穷和女性的故事，她们通常来自有色人种家庭，总是将其他更弱势的人放在首位，正如玛雅将自己的弟弟们放在个人抱负和未来计划之上一样。

在女性分享的众多口述史中，都蕴含着一个极为明显的信息，那就是维持家庭运转的价值观。在高收入家庭，认识到并优先考虑这一价值观的必要性几乎没有问题——除非他们经历过极端情况，例如家庭破产或父母出现了健康危机。实际上，其中任何一种情况都会使他们陷入与贫困工薪家庭类似的境地。但富人日常生活中并不会依靠青少年来帮助支付租金以避免被逐出住处，不会改变青少年的高中日程表或取消他们的课外活动，以保证父母必须加班时蹒跚学步的孩子不会孤单。富人的日常生活也不会出现父母加班赚取租金，整夜依靠电话联系独自留在家中的孩子。然而，这些都是低收入家庭常见的现象。收入微薄导致家庭不断面临破裂的风险，努力将家庭团结在一起成为当务之急。对于数百万劳动者来说，这不是一场突如其来的危机——这是一种生活方式。

这些女性回忆说，自孩提时代，她们就明白所谓"全体动员"也包括小孩。她们也明白，作为女孩，自己是维持家庭的重要贡献者。阿兰妮娅明白，自己是弟弟妹妹家庭生活的中心。吉妮西丝知道，如果没有自己的照料，母亲就不能给家庭带来收入。贝拉及其兄弟姐妹知道，自己必须面对父母不在家的时期，否则家庭根本无法存续。我们听到了美国女孩描述自己的少女时代，而儿童发展专家对此关注甚少。只有州儿童保护监管机构才会关注孩子在家庭中的工作，收集父母失职的证据。和我们交谈的妈妈们说，当然，家庭隐瞒了对孩子们的要求，因为一旦暴露，随之而来的只有惩罚。

我们听到了女孩为家庭工作的另一个不为人知的故事。这些女性回顾说，不辜负家庭对亲人忠诚和关怀的信念有多么重要。由于背景千差万别，很多女性分享了生活艰难时期深厚的亲情，这些关系被描述为宝贵但沉重的负担。从小就和兄弟姐妹共同努力维持生计的女性往往会说，他们之间的亲密关系持续了一生。这种关系也演变成代际关系，使下一代表亲之间的关系进一步得到拓展。很多女性提及，在一个诋毁黑人、土著居民、其他有色人种和移民以及白人贫困工薪家庭的社会，自己所在的工薪阶层大家庭、宗族或种族/族裔群体是如何保护自己的。家庭的含义可能延伸至本地、种族或族裔团体，甚至延伸到宗教或地域身份。上述团体的成员会在真正有需要时介入。当然，任何亲友网络都需要关注，而这一任务主要由女性完成。

尽早自立

贫困的打工女孩从小就知道自己必须快速成长。一位母亲简洁说明了原因。她认为，照顾兄弟姐妹和参与当地社区中心的工作意味着"我的女儿非常负责任"。这位母亲认为这份工作要求很高，但也有助于孩子的品格塑造。她和其他母亲批评了一种植根于富裕家庭心态的自私文化。她们谈到了很早就承担起责任的价值所在，包括分担家务、保存食物、学会修理等。总体来说，就是要弄清楚如何自立。母亲们认为，告诉大一点的孩子或侄女必须照顾孩子，这没什么大不了，是应该做的事情。她们认为这与富裕白人儿童中典型的自我沉迷和消费主义不同。

有些母亲通过社交媒体、将穷人与富人家的孩子聚集在一起的课外体育活动和教育项目，看到了富裕家庭孩子的行为，她们对其行为表示厌恶。这些母亲表示，她们期望自己的孩子有更高的道德标准和更有礼貌的行为。我们了解到，这种行为方式被描述为"黑人群体"方式，或者"西语裔家庭中的互助方式"，抑或是种族或宗族的行事方式。

在贫困工薪阶层白人父母中间，谈论邻居之间的义务、家务和对（外）祖父母的责任时会出现这种情况。尽管存在明显的身份差异，但这是贫困家庭的共同特点。母亲们希望孩子知道，即使不是特别想付出，即使没有太多可以付出，也要奉献。她们相信，孩子们为兄弟姐妹和大家庭成员付出的劳动对他们本人有益，能够教会他们自力更生，还有助于他们的道德发展。我们了解到，孩子们在贫困的工薪家庭中必须快速成长，妈妈们拒绝承认这是不负责任的育儿方式，因为她们生活的社会有着制度化的低工资贫困、种族主义、单亲母亲困境和反家庭福利文化。母亲们教导孩子要尽早自立，因为这是家庭生存的需要，也是能够引以为豪的事情。

采访中，女性常常表示，自己对早年就具有的能力、独立性和勇气感到自豪，这也通常被视为种族或阶层认同的一部分。作为美国代际种族正义运动的一部分，黑人女性将自己的个人决心与更伟大的事业联系起来。在白人女性中，与特定劳动力或工会相关的工薪阶层身份离不开对亲属的忠诚和自立。拉丁裔女性有时会回忆自己父母和（外）祖父母的力量，对他们肃然起敬，因为他们不顾低薪和仇外心理的威胁设法来到美国。来自康涅狄格州的波多黎各裔妈妈丹妮尔认为，代际关怀是家庭的核心。她得到了外祖父母的帮助，自己又帮助父母抚养自己的兄弟姐妹——这些经历和影响也塑造了自己。丹妮尔告诉我们："我的外祖父母在家庭的发展过程中发挥了重要作用，使我们大部分时间没有出现经济拮据的问题，直到我开始工作。他们逐渐向我灌输不同的品质，直到今天我还保留着这些品质，对我来说，外祖父母就意味着整个世界。"

我们了解到保持家庭完整、照顾亲属和社区的价值，也了解到女性变得强大和自立的价值。但与此同时，很多女性也谈到了孩提时期对自己的时间要求，还谈到个人愿望受挫的情况，以及自己始终肩负的沉重负担。

南妮特，2019 年

在俄勒冈州波特兰北部一家空无一人的咖啡吧，莉萨与三十四岁的美洲原住民南妮特会面。那天上午，南妮特带着四岁的托比，这是她白天照看的两个孩子之一，而她自己九岁的儿子正在上学。莉萨把咖啡和一杯热巧克力端到桌上。南妮特伸手去拿托比的杯子，确保杯子不会太烫。南妮特告诉托比要小心翼翼地往杯子里吹气降温，这样生奶油就不会飞走了。她对咧嘴笑着的托比说："你不想让生奶油飞走吧？"

南妮特喝了一口咖啡，谈到了自己照看孩子的工作。

"我做过各种工作，比如家庭护理、养老院看护、保洁等等。

我找的工作都离家很近,都是儿子睡着之后可以做的工作,或者像现在他上学的时候我能做的工作。刚开始的时候,我照顾自己的弟弟们,那年我十四岁,后来一直在做看护工作。现在,我在家里照看两个孩子,还做家庭(老人)护理工作。我把他们带在身边。她(南妮特照看的老年客户)倒是不在乎,但要确保没人看到他们(孩子们)。"

莉萨:如果有人看到他们,会怎样?

南妮特:(作为一名有执照的家庭护理员)不应该带孩子(到客户家中),如果是经过认证的保育员,不会带着孩子做另一份工作。我告诉了他们(孩子的父母),所以他们知道。确实不应该把他们混在一起,但我得支付自己的开销,没别的办法。

南妮特的两份工作都不是全职工作,即使都是全职工作,收入也远远谈不上可持续。

托比把剩下的热巧克力洒了出来,莉萨和南妮特抓起餐巾纸擦拭干净。南妮特向托比保证没什么好担心的,但托比看起来很伤心,莉萨想再给他要一杯可可,但南妮特拒绝了,说这个孩子已经吃了够多的糖,该喝杯水了。南妮特拿出一些玩具,托比在桌子上滚动一辆小卡车,发动机发出低沉的轰鸣声。

莉萨:你一年最多赚多少钱?

南妮特:真的不清楚,反正不够花。最多可能大约2.8万美元,有些是现金,没有记录。但是,不够花,永远都不够维持生活,每个月都要卖血浆。

莉萨:为什么你那么小就开始照顾弟弟们?

南妮特:因为没有别人,只有我,否则他们就会无依无靠。所以,只能是我。于是我开始缺课。但在此之前,我想成为一名海洋生物学家。我知道,我现在的处境令人很难想象,但当时确实是那样想的,我想成为一名海洋生物学家。

一个小时后,南妮特牵着托比的手离开了咖啡馆。她沿着繁忙的波特兰街向南走去,去接自己的儿子,然后再去照顾老人。

不平等、种族和单身母亲

我们采访的一些女性直接谴责劳动力市场破坏了家庭稳定。她们谈到父母在零售、护理、保洁、招待和食品服务方面的工作,这些工作会使家庭的日程安排不可预测,使家庭陷入经济困难。埃丽卡是一位来自波士顿的非裔美国单身母亲,2011年正在攻读大学学位。她说,在自己的家庭中,几代女性始终保持着自己的状态并不断提升。她的外祖母是一名家庭佣工,母亲是一名护士助理。埃丽卡说"她们工作很努力,但报酬却很低"。埃丽卡认为,多代黑人女性的低薪贫困对孩子及后人产生了深远的影响,她们没有得到"高薪带来的特权",埃丽卡在大学里观察到其他年轻女性(主要是白人)享有这种特权。埃丽卡高中生了一个孩子,她谈到了自己母亲和外祖母如何确保她毕业并全力鼓动她上大学——"她们会说'噢,噢,你不该坐在这里。起床,行动起来'。"母亲和外祖母帮她带孩子,为她提供住处,让埃丽卡能够不断进步,埃丽卡接受采访时怀着深深的感激,因为她即将获得会计学学位。

特别明显的是,在有色人种家庭,从女孩到(外)祖母,她们付出的隐性劳动至关重要,这不难理解。与白人工人相比,黑人和拉丁裔工人的工资很可能更微薄。根据经济政策研究所的数据,2017年,约19%的拉丁裔工人和14%的黑人工人工资微薄,而在白人工人中,这一比例为8.6%。[11] 全国妇女法律中心2018年的报告指出,收入最低的劳动力中,有三分之二的母亲是家庭唯一或主要挣钱养家的人,而黑人母亲中,84%是唯一或主要挣钱养家的人,这些数据进一步体现了这种根深蒂固的种族不平等。

低薪劳动力中单亲家庭的比例同样非常重要但经常被忽视。通常,低收入家庭,尤其是黑人和拉丁裔家庭单身母亲的比例很高。大约有四分之一的儿童始终与一位家长同住,其中大多数与母亲住在一起,但这并不能完全体现单亲家庭的数量,因为整个童年时期,超过五分之一的婚生儿童会经历父母分手的情况。[12] 据估计,三分之一的儿童,尤其是有色人种和低收入家庭的儿童,将在单亲家庭中度过部分或整个童年,其中大部分单身母亲家庭依靠低薪工作生存。长达数十年的贫困工资的制度化以及公众补贴的减少意味着这些家庭由职场妈妈支撑,她们入不敷出,必须想方设法增加工资或降低家庭生活成本。对抗收入微薄的方法之一是缩短童年。父母必须动员孩子,尤其是女孩扮演成年人的角色。

照顾长者

照顾孩子和做家务是女性最常见的工作,她们将这些活动描述为每日例行工作,期望女孩在扮演"小妈妈"角色时完成这些工作。另一类工作是负责照看有需要的老年家庭成员,这些家庭成员往往需要体力帮助、健康调理和个人护理。雷娜塔从青春期开始一直担任个人护工,同时也是家庭护理和心理健康支持工作者。她说:"相信在我生命深处的某个地方,我和自己的(外)祖母和母亲一样。我一直很关心老人和长辈,所以可以说,我真的已经做了二十多年,一辈子都在照顾老人。"雷娜塔接着说到她的家庭是一个多元文化群体,长辈中包括原住民、墨西哥人和白人工薪阶层等,在这里,有义务照顾老人,而他们也曾照顾过你或你的父母。她说:"这是我们文化的一部分。我十几岁的时候就接受过这样的教育。后来(个人支持和老年护理工作)成为我的正式工作。但我们受过训练,可以胜任。"被问到她所说的"我们"是指谁时,雷娜塔回答道:"指家里的女孩,也就是我家里所有的孩子。墨西哥人将长辈留在身边,原住民和移民也这样。照顾老人的女孩比男孩多,这是更自然的事情,因为女孩更有耐心。"

其他女性谈及协助或照顾年长亲属时重复着雷娜塔的观点。最常需要照顾的是(外)祖母,她们多年来一直充当重要的照看者,帮助自己的儿子或女儿抚养孩子。丹妮尔和伴侣搬到自己住的地方几年后,她的祖父母需要全天候护理。他们便辞去工作,搬了回来,照看房子,管理祖父母的账单,并确保祖父母按时服药、预约医生。"我的未婚夫打理院子,我做家务。当然,我们不必支付任何账单或其他花销,因为我们照顾他们。我们时刻和他们住在一起。祖父不会听任何人的话……因为他已经痴呆了,他真的只听我的话。"丹妮尔和伴侣知道自己正在暂时放弃其他工作机会,但她认为这是一种很自然的义务。

其他母亲谈到了决心让长辈远离机构护理的情况。埃伦2013年来到波士顿,她是一位白人单身母亲,有一个孩子。埃伦和妹妹轮流去照顾祖母,她每周三个晚上去祖母家。尽管必须独自面对一切,但埃伦说:"毕竟祖母一直在为我们做事,所以我们必须照顾她。"埃伦对低收入老年人住院护理服务持非常负面的看法,因为她曾在其中几家机构工作过。"这些机构没有足够的员工,所以没人管(住院者)。住院的人没什么起色,有时一走进去,难闻的气味就扑面而来。"

埃伦谈到了个别护工不应该从事老年护理工作,因为他们"没有必要的耐心或热情"。不过,埃伦说,大多数护工都在努力做好自己的工作。埃伦认为,除非真的有钱赚,社会并不关心老弱病残。她和妹妹决定以后自己的孩子也要加入照看祖母的队伍,尽管这些要求对孩子们来说太高了。

抉择与母亲身份

近几十年,针对母亲就业对儿童发展的影响开展了大量研究,很大程度上是因为"二战"以来职场妈妈的人数大幅增加。1950年,美国只有约18%的母亲外出工作,20世纪90年代,这一比例飙升至70%,之后便停滞不前,主要因为国家缺乏对职场父母的支持,白人中产阶级家庭生活的传统也发生了深刻转变。儿童发展研究人员开始研究"双职工家庭"或职场母亲对儿童的影响，包括对长时间育儿的影响、对孩子行为和学校教育的影响以及超负荷儿童综合征的发作等。虽然研究结果不同，但工作和家庭研究的总体结论是，母亲们选择进入劳动力市场，而不是留在家里照顾孩子。

长期以来，男性享有兼顾工作和家庭生活的权利，很多职场女性自认为也拥有这种权利，但以上研究颠覆了这种观点。对于男性而言，既要工作又要顾及家庭，是理所当然，但对女性而言，她们的"选择"只能是牺牲其中之一。更糟糕的是，这种"母亲的选择"模式完全将职场贫困母亲排除在外。人口调查局 2020 年发布的报告《职场母亲的选择》列举了女性采用的策略，例如选择兼职工作、无薪休假或暂时离开工作岗位以便照顾孩子。[13] 报告认可职场女性为国家养育孩子付出了高昂代价，但忽视了职场贫困女性。如果我们遇到的母亲决定减少工作时间或选择离职，她们屋里的电灯就不会发光，供暖系统就会停止运行，孩子就会挨饿，她们最终会被房东赶走，加入这个国家不断增长的无家可归者行列。接受我们采访的大多数女性从未考虑过平衡工作和家庭的最佳选择，甚至没有意识到自己正在为此挣扎。她们别无选择。

关于工作和家庭冲突的争论也出现在中产阶级或富裕家庭中。富裕家庭通常以互惠生、家政服务、儿童保育、咨询、辅导、老年护理以及课外和课后活动项目的形式购买劳动力。精心安排这一切的要求很高，但这种方式允许父母双方继续追求自己的事业，随着时间的推移，他们的收入往往会增加。或者，高收入家庭中常见的另一种方法是"回购"时间，父母有一方减少工作时间，改为兼职，或者放弃需要加班的高级职位。

大多数情况下，低收入母亲表示无法获得做出此类决定所需的资源。长久以来，她们缺乏时间和收入。事实上，我们采访的很多女性从事的正是稳定、服务和帮助富裕家庭的工作。一些人从事老年护理、家庭保健和儿童保育服务，其他人从事提供食物、清洁、景观美化、遛狗、送货、运输和全天候零售服务工作。这些职场父母的工作减轻了高收入家庭在工作和家庭生活方面的压力，为其提供了休息以及参加孩子体育或艺术活动的时间、家人相聚的时间，使富裕家庭的孩子们能够获得儿童时期应该享受的时光、舒适和自我培养。然而，低收入父母（主要是母亲和比例奇高的有色人种女性）提供所有这些重要支持的同时，为了保持家庭完整，他们会将自己的女儿留在家里。

对女孩造成严重伤害的工作

在描述自己的成长经历时，女性们谈到自己的母亲有时会很崩溃，玛雅的妈妈就是如此。在经济拮据和看护负担的持续沉重打击下，一些母亲认输了，深陷抑郁，有的甚至患上了成瘾症。有些人遇到了严重的健康问题，这些问题基本源自贫穷和辛劳。从孩子的角度来看，这样的妈妈似乎不再是妈妈。出现这种情况时，不同的家庭都有相似的规则：不但希望女孩站出来补贴微薄的收入和填补父母的空缺，通常还指望女儿介入整个家庭，甚至完全接手家庭。当然，有些情况下，父亲在场，并试图处理相关问题，可能还会有（外）祖母或（姑）姨妈提供帮助。但大多数情况下，无论黑人、白人、原住民还是拉丁裔，都要求女孩重点关注濒临破裂的家庭，满足家庭的各种需求。这种情况下长大的女性，不但要承受少女时代贫穷带来的沉重负担，还要面临失去长辈（尤其是母亲）的风险。如果妈妈患有重病、残疾、精神疾病或成瘾症，女孩的负担不仅沉重，而且还会造成严重伤害。

数十年的研究已经证实，低收入人群患有心脏病、糖尿病、癌症、肥胖症和抑郁症的比例奇高。现在，美国富裕人群和低收入人群的平均预期寿命差异分别为男性十五年，女性十年。这种巨大的健康差距是严重的经济不平等和系统化种族主义造成的。获得医疗保健机会最少的低收入群体也最有可能遭受最严重的环境损害。黑人母亲死于怀孕或分娩并发症的概率是白人母亲的三到四倍。[14] 在这些发人深省的数字背后，是所有失去父母的儿童，或者与深受其害的父母共同生活的儿童。在多年来的对话中，我们获得的信息包括家庭中的慢性疾病、身体残疾和抑郁症，某些情况下，父母患病似乎定义了孩子的整个童年。

三十二岁的乔内尔是"混血儿"，在西部农村长大。在那里，男孩学会"狩猎和杀戮，女孩学会照顾每个人"。与此同时，女孩要花更多的时间扮演"小大人"，做着没完没了的"家务"，而男孩则在户外活动。乔内尔从更深层次的角度对性别展开分析。在她看来，男孩们学到的技能（包括修理、管道安装、接线、盖屋顶、维修旧车和经营农场等）都可以转化为正式或非正式的学徒工作。尽管干起来并不容易，也不稳定，但就算没有大学学位，男孩也可以找到谋生的出路。当然，乔内尔指出了农村生活的各种陷阱，特别是酗酒、鸦片类药物、意外事故和犯罪等。不过，如果一个男孩设法避免这些陷阱，并且积累了一些专属男孩的必要技能，"就能赚到足够的钱养家糊口"。乔内尔认为，要求女孩从事没完没了的照看工作只会助长女孩的"依赖性"，并不会教给女孩一门可以摆脱困境的手艺。照看受创伤的人是乔内尔童年时期非常重要的事情。如果周围都是受过创伤的成年人，这些人甚至不会注意到孩子，更不用说保护他们了，这种创伤会传给下一代人。

"我的母亲……是被领养的，她（亲生）父母的境况十分糟糕。我妈妈大概十二岁的时候开始喝酒，很快就变成了酒鬼……生活充满了创伤。妈妈说就像按下了一个开关，她只专注于喝酒，然后有了两个孩子。我妈十六岁结婚，十八岁生了两个孩子，前两个孩子（也就是我的两个姐姐）的爸爸经常随意殴打我妈，经常威胁要她的命，还向我的外祖父母开枪。妈妈最终离开了他，遇到了我爸爸，但我爸爸也变成了一场噩梦，脾气更糟，还酗酒。这些事情带来了很多创伤，我妈最终也离开了他。我在妈妈的成瘾症中长大，不得不照顾其他孩子，小的时候就需要照顾更多小孩子，从他们蹒跚学步到慢慢长大，我一直就是那个照看者的角色，而且成长过程中有着极强的情感依赖和看护倾向。所以我没意识到，自己那时就已经成为一名看护者。"

乔内尔的描述揭示了最极端情况下性别发挥的作用。她很清楚，男孩也不容易脱身，一些男孩死于用药过量，有的成为"掠夺者"并最终入狱。但乔内尔指出，作为一名女孩，她习惯了妈妈的疾病，并负责"像妈妈一样照顾"小孩子，并"长时间深陷其中"。乔内尔认为，她长成了一名"依赖者和看护者"，忽视了自己正在经历的伤害，最终"多年处于自虐状态"。

乔内尔极力摆脱这些植根于少女时代的印记，利用从成长中学到的知识帮助他人。她在一家机构工作，为低收入母亲（主要是单身母亲）提供服务。这对乔内尔来说是一个完美的角色，帮助年轻妈妈树立信心并掌握就业技能。工作中,她名气很大,我们和她教过的一些女性接触时,反复听到她的名字,最常见的说法是:"乔内尔不会让我放弃。"乔内尔开始将自己的工作视为发挥自己护理才能的方式,不是为了依赖,而是为了改变贫困女性的生活,这是充满力量和决心的关怀。"她们所说的一切我都明白。我会说'看我曾经克服了什么困难?你可以做到的,我会陪着你'。"

女孩的隐形工作

母亲们在分享以下信息时会极为谨慎:自己如何让孩子独处,如何依靠大孩子照顾小孩子,不堪重负时在情感上如何依赖孩子。2020 年,我们听母亲们谈论如何在新冠疫情中生存。我们了解到,一位单亲妈妈被叫到疗养院参加十小时轮班,她十岁的孩子要照顾四岁的孩子。我们试图跟进这件事,但吃了闭门羹。其他几位母亲表示,她们无法冒险描述自己的育儿安排。除了妈妈们的内疚感之外,她们还知道,儿童保护服务机构总是虎视眈眈,并非盟友。2017 年,布朗士公设辩护人办公室的家庭辩护业务总经理艾玛·凯特琳汉姆在《纽约时报》发表了一篇专栏文章,其中如此描述美国的儿童福利体系:"问题不在于儿童服务机构未能带走足够多的儿童,而是在于该机构没有能力解决日常的经济和种族不平等问题。相反,该机构旨在将结构性缺陷视为低收入父母的个人缺陷。"[15] 母亲们的担心并非杞人忧天。长期研究表明,低收入家庭、贫困家庭和少数民族家庭更有可能面临儿童保护服务机构的干预。

2021年初，新冠疫情彻底改变了人们的生活。我们采访了三十岁的塔姆，她是一名杂货店的重要员工。塔姆提到自己把两个年幼的孩子独自留在家里。塔姆说，起初这种情况偶尔出现，只有半小时左右，未婚夫不得不从事送货上门的工作，她不得不加班。但随着塔姆越说越多，我们明晰地了解到，孩子们一天中的大部分时间都要独处，有时周末也不例外。他们在新冠疫情之前所依赖的家庭日间托儿所已经关闭，因为开办者无法维持生计。塔姆还试图依据2020年《关怀法案》求取帮助，但没有成功。

塔姆有两个顾虑。一个是"儿童福利机构会发现这一情况，然后起诉我"。另一个是可能发生意外：火灾、入室盗窃或某个孩子受伤。塔姆实际上曾打电话给自己的工会代表，询问如果把一个六岁的孩子交给九岁的女儿照顾是否会惹上麻烦，但没有得到明确的答案。塔姆听说，很多同事的家庭都出现过这种情况。具体数量很难说得清：家长们知道不要谈论此事，要对此类信息保密。但妈妈们告诉我们，因为新冠疫情，依赖儿童照顾更年幼的孩子并看家的模式正在扩大。我们知道，此次疫情对女性的打击最为严重，但在她们背后，也对女孩造成了沉重打击。

陷入最糟糕的工作

我们采访了一些从事低薪零售、服务和护理工作的女性，其中很多来自贫困家庭，她们最终找到了一份工作，但没有未来。从随处可见的一些评论可以看出，有些女性因为自己是女孩，很早就承担了一定的义务，从而陷入致贫工作。由于每个家庭各有不同，但父母的低薪是阻碍女孩自我发展的决定性力量。由于收入微薄，她们无法专注于学业，无法交朋友，不能发挥自己的才华并崭露头角，不能参加课外活动，最重要的是，无法仅专注于自己的一切。阿兰妮娅最初从事医疗技术工作，后来为了保护家里的几个孩子而转向儿童保育工作。南妮特曾梦想成为一名海洋生物学家，但因为其他人需要她全身心关注，于是她埋葬了自己的梦想。曾经雄心勃勃的玛雅，为了弟弟们搁置学业，最终只能照顾弟弟和自己的孩子，同时帮助脆弱的父母。

这些女性不得不放弃生活的梦想来帮助自己的贫困家庭，最终被卷入巨大的低薪劳动力市场。这个市场渴望得到低薪工人，在疫情的背景下，这个市场比以往任何时候都更加渴望得到低薪工人。女孩通过完成各种家务和护理工作来贴补父母的微薄收入。反过来，很多人成为下一代低薪服务员、护理员、清洁工和售货员，为他人提供舒适和便利，但她们付出了一切。

第二章　随时轮班工作

"你真的可有可无，几乎每个人都能胜任你的工作。"

十六岁时，吉尔在康涅狄格州的餐馆找到了第一份工作，但女儿出生后，她无法维持原有的生活方式。吉尔是一位白人母亲，有一个四岁的女儿。她描述了自己的工作情形，从下午三点工作到午夜，如果是两班倒的话，就要从上午十点工作到午夜。当时，吉尔和女儿及父母住在一起，父母都全职工作，但晚上在家帮忙照看孩子，否则作为单身母亲的吉尔不可能在餐馆工作。

"日程安排随时会变。你可以每周七天双班工作，赚很多钱，但永远回不了家，对吧？或者，下一周，出现了一些情况，或者有人想工作更长时间，他们资格更老，让你轮三个班，甚至不能上双班。你说，这到底算什么？从来没有固定的工作时间，没人在乎你，因为你真的可有可无，几乎每个人都能胜任你的工作。"吉尔解释了自己为什么在女儿蹒跚学步时决定停止在餐馆打工。

接下来，吉尔找到了一份工作，为房地产律师助理做助手，这让她尝到了办公室工作的甜头。她说："这就是我现在想要的。成为行政助理，或者从事类似工作，在有规律日程安排的办公室帮忙等。"然而，为房地产律师助理工作的时间最终很短暂。"房地产律师助理对育儿问题一无所知。她希望我按她的日程安排工作,当时我能找到非常便宜的托儿所,所以可以按她的日程工作。"

低工资和不规律的工作时间

"你永远不知道自己要工作多长时间,也不知道自己可以赚多少钱。"

大家都知道,零售、销售、备餐和餐馆服务等工作的时间不可预测,收入微薄。美国劳工统计局和经济政策研究所的研究表明,这些就业领域聚集了美国很大一部分劳动力。[16] 2018 年,近 1000 万工人受雇于零售业,担任收银员或一线主管,大约 1300 万人在餐馆工作。[17] 虽然男性和女性都受雇于这些行业,但女性以及黑人和拉丁裔往往集中在收入最低的职位。零售和销售业收入垫底的收银员每小时工资中位数为 10.78 美元,2018 年此类从业人员中 75% 是女性。[18] 2015 年,美国德莫斯智库的研究人员凯瑟琳·鲁奇林和戴德里克·阿桑特-穆罕默德发现,零售业雇主向 70% 的黑人和拉丁裔销售人员每小时支付的报酬不到 15 美元,而只有 58% 的白人工人收入如此低。[19] 包括快餐在内的备餐和服务相结合的工作每小时工资中位数为 10.22 美元,2019 年从事此类工作的劳动力中 62% 是女性。[20] 快餐工作的平均年收入仅为 13500 美元,工作人员平均年龄为二十九岁。同样,零售业从业人员的年龄大多为二三十岁,这些职业女性中有很多人是幼儿的母亲。

这些劳动力市场雇用了数百万年轻父母，他们几乎没有带薪休假。既没有假期，也没有病假，更没有医疗休假①。由于工资低和缺乏福利等原因，食品和零售业数百万从业人员依赖补充营养援助计划（SNAP）等公众补贴生活。²¹2020年，无党派监督机构政府问责办公室（GAO）透露，获得补充营养援助计划补贴的成年人中大约70%为全职工作者。研究表明，沃尔玛和麦当劳员工领取的福利最多，亚马逊、克罗格和多来店也有大量员工领取补充营养援助计划补贴或医疗补助福利。

2016年，在科罗拉多州丹佛市的一次社区对话中，莉萨遇到了三十二岁的黑人母亲莉诺。那是一个星期六傍晚，在市中心一栋空荡荡的办公楼里，八名女性围坐在一张桌子旁。自我介绍之后，谈话很快就转向了工作和育儿。莉诺两年前搬到这座城市，因为她有一个姐姐住在这里。莉诺当时正从一段虐待关系中逃离，正如她自己所说，这段关系"伤害了我，并真的危及了我的孩子"。莉诺的姐姐是一位单身母亲，在一家餐厅做全职经理，有一个十二岁的儿子。姐姐对莉诺终于和丈夫分手感到无比欣慰，但莉诺知道自己不能永远留在姐姐的两居室小公寓。谈话开始后，莉诺马上重点谈到了自己不可能为孩子们提供体面的生活，尽管工作辛苦，但收入却少得可怜。

搬到丹佛后，莉诺开始兼职两份工作：快餐店服务员和夜间保安。尽管如此，莉诺的年收入仍不到25000美元。莉诺没有获得任何工作福利，在她看来，"这就是雇主把你的工作时间保持在低

---

① 不同于一般的病假（sick days），医疗休假（medical leave time）往往用于较为严重的健康问题，时间较长。休假期间可能带薪，也可能无薪。——编者注

水平的原因，使你无法获得健康（保险）"。这两份工作都没有正式病假。

和接受我们采访的大多数母亲一样，莉诺选择了有时间照顾孩子的工作。早上把孩子送到学校，八点半去麦当劳上班，下午一点半下班后去接孩子。莉诺会把孩子们带回家，花一个下午和傍晚看着他们玩耍、完成家庭作业，还要做晚饭。等姐姐下班带着儿子回来后，莉诺会搭乘巴士去做保安，也就是她的第二份工作。她从晚上八点工作到午夜，偶尔周末加班。"我从深夜一点半睡到（早晨）六点半。"然后，莉诺会起床帮三个孩子做上学前的准备，再重复一遍昨天的生活。

莉诺每小时大约挣10美元，每周大约挣450美元，一半收入都用来支付租金、电费和取暖费，她和姐姐分摊这些费用。另一周的收入则用于购买食物（通过补充营养援助计划进行补充），以及支付已经享受低收入折扣的城市交通费。莉诺解释说，支付必要的账单后，每月还需支付手机费，为家人购买衣服和个人物品，还要满足孩子们的各种需求，费用约为200美元。那天晚上，莉诺坐在会议桌旁，对一群母亲说："他们希望我们继续被这些糟糕的工作奴役。"莉诺表示，劳动力市场使工薪家庭因低工资而承受巨大压力，永远无法摆脱困境。经济学家也认同这一观点。经济政策研究所的家庭预算计算器（The Economic Policy Institute's Family Budget Calculator）让大家对全国特定地点的住房、儿童保育、医疗保健、交通和杂货的基本平均成本有所了解。我们使用该计算器生成了下图（图2-1），以了解居住在丹佛地区的莉诺需要多少收入来养活自己的两个孩子。莉诺的年薪需要接近9万美元才能维持收支平衡。我们遇到的女性都对这一数字不以为然。事实上，根据布鲁金斯学会的研究，美国全国有5300万劳动人口（占十八岁至六十四岁全部劳动者的44%）的年收入中位数仅为7950美元。

年度费用

1名成人和2名儿童

丹佛/奥罗拉/莱克伍德都会区

住房费	17016美元
食品费	7215美元
儿童保育	20179美元
交通费	11760美元
医疗保健	7762美元
其他必需品	9776美元
税	15825美元
总计	89533美元

图 2-1　丹佛地区基本生活成本

研究人员指出，即使在失业率很低的情况下，很多处于劳动力市场底层的岗位都是兼职工作，工资低，工作时间太短，没有资格获得任何福利。沃尔玛、塔吉特和全食超市等公司因在工资小幅上涨后减少员工工作时间而受到批评。据美国有线电视新闻网（CNN）报道，虽然塔吉特承诺提高工资，但一些工人声称他们的工作时间也被削减了，因此收入持平。[22] 即使很难发现，但兼职员工和日益增长的零工经济领域也蕴含着企业的收益。

兼顾多项工作和不断变化的日程安排

"随时调整日程的工作安排是母亲们的噩梦。"

通常,像莉诺这样的家长会试图通过多份兼职、平衡不规律的季节性工作日程来抵消低薪的影响。在酒店、食品和零售业工作的父母可能直到上班前一天才知道自己的日程安排。某些工作中,如果雇主认为不再需要这些人,可能在工作一两个小时后就将他们打发回家。寻找托儿服务以适应频繁变化的工作时间几乎徒劳无用;课后安排或日托安排可能已经过期而且不能退款。很多零售和食品服务工作的时间表也不标准,要求工人早到、晚走,或者周末和节假日也要上班。俄勒冈州波特兰市的单身妈妈埃拉描述了自己典型的一天,她要同时兼顾两份工作和三个孩子的日程安排。当时,她上午九点到下午五点在呼叫中心上班,下午六点到晚上十点在必胜客打工。

莉萨:能否描述一下新冠疫情暴发前自己度过的典型一天?

埃拉:呼叫中心早上九点开始上班。我必须六点左右起床,准备好一切,包括午餐和三个人的所有东西。然后把儿子和女儿放在(父母)家里,他们会留下孩子,然后把儿子送到学校。有时我父母会让孩子们睡在他们那里,这样我就只需要照顾小宝宝。我会把小宝宝带到保姆那里,几乎一整天都把她留在那里。早上七点或七点半出发,因为我到呼叫中心的通勤时间真的很长。我觉得,呃,从我家到保姆那里,要三十五分钟,我飞快放下小宝宝,然后,要二十五到三十分钟才能到我第一份工作的地方。

莉萨:哎呀,这样的工作日和通勤时间,我的意思是,你能睡多久?

埃拉:大概四五个小时吧,(笑)那时我好瘦。我整天跑来跑去,去杂货店购物等——那时我会带着自己的孩子,花些时间和他们一起购物。

最终,埃拉这种疯狂的平衡被打破了,因为呼叫中心被卖给了另一家公司,埃拉丢掉了那份工作。但仅靠必胜客的工作无法维持生计,她只好申请参加学徒预科培训,希望成为一名电工,停止奔波。

埃拉曾经的工作时间相对稳定,但现在情况并非如此。事实上,接受访谈的女性告诉我们,大多数雇主都希望保持开放和灵活的工作日程,以最低的成本满足不断变化的需求。上级主管经常在招聘过程中询问身为母亲的女性是否"每天 24 小时/每周 7 天随时可以上班"。几位女性告诉我们:"你必须同意,否则就不会被录用。"我们还听说父母被迫独自留下年幼的孩子,因为不得不提前上班,不得不加班,或者在接到电话后随时去上班。对母亲们来说,这种"随时调整的日程"是一个噩梦。即便她们要工作,也要保证孩子参加课外活动,照顾生病的孩子,监督家庭作业,参加家长会,还要适应抚养孩子过程中的各种变化。

2019 年春,当地一家航空公司聘用吉尔担任办公室助理,负责客户服务。吉尔表示:"终于找到一份可以在家上班或者有办公室的工作,拥有了很酷的时间表,工作四天,休息四天,十二小时轮班。这样可以连续四天和女儿待在一起。但我也喜欢朝九晚五的工作,因为这样整个周末都可以休息。"显然,吉尔渴望可预测、有规律、能够自己规划的时间表。不幸的是,仅仅几个月后,公司就进行了合并和裁员,取消了吉尔所在的部门。因为吉尔是新员工,所以被解雇了。

虽然朝九晚五的时间表与学校和托儿中心的时间表相匹配,但现在,大约40%的十八岁以下儿童所在的家庭,父母中至少有一方按非传统时间工作。城市研究所针对非传统工作时间的一项研究发现,这些家庭往往是低收入、单亲和少数族裔家庭。[23]与此同时,98%的日托中心不提供夜间服务,94%不提供过夜选项。[24]这些中心考虑到了一直工作到傍晚的职场工薪父母,但其设立并非为了照顾处于劳动力底层的父母非常规、无规律和不可预测的工作时间。

高收入人群也许可以在线工作或远程办公,但大多数低薪工作都需要到场完成,如做饭、打扫卫生、电话推销或提供家政或托儿服务等。新冠疫情期间,要求人们"足不出户",这种分歧就变得更加明显。皮尤中心的一项民意调查显示,超过60%拥有学士学位或更高学位的人能够在家工作,而没有大学学位的人群中这一比例约为20%。[25]

即使在新冠疫情之前,美国各地的母亲们也描述了每周工作时间的变化如何使她们无法维持稳定的家庭生活。如果有两份工作,混乱就会加倍。她们没有任何优势可以与不变的制度和市场需求妥协,后果只能由家人承担。对这些母亲而言,申请工作、寻求更好的职位、重返学校,甚至发展人际关系等决定都要以照看孩子和孩子的幸福为中心。

除了日程安排不固定,一些职场妈妈还不知道自己每周能赚多少钱。如果有一天提前下班回家,或者时间表改变,工作时间减少,工资也会变得不稳定,无法支付账单。雇主根据假期繁忙程度或购物季来自由计算自己每小时所需的侍应生、护士助理或销售人员人数,并相应减少或增加工作时间。亚马逊以前的仓库员工威尔·罗马诺在博客平台 Medium 写道,该公司鼓励仓库工人"自愿休假"。[26] 根据罗马诺和其他员工的说法,亚马逊主管经常鼓励员工无薪休假,允许他们提前离开不太繁忙的轮班。一些工人报告说,如果拒绝的话,会感觉对自己不利。虽然早点回家坐在沙发上陪伴孩子很诱人,但很多员工依靠工时赚钱来支付账单,并且可能已经预订了托儿服务来顶班。这些父母告诉我们,每天需要计算买食物还是付房租,或者不去看医生以避免支付医疗保险中需要自费的部分。数以百万计的工人面临着这种时间表和收入波动,但这种波动在收入最低的小时工中最为常见。

没有福利的工作

"我从来没找到过一份有福利的工作。"

接受我们采访的父母很少可以休病假,而且,当他们不得不待在家里照顾自己或孩子时,他们还会在工作中遇到麻烦。马萨诸塞州的一位母亲对采访小组说,她告知老板,自己的孩子生病了,她需要请假,然后就被解雇了。另一位在快餐行业工作的母亲对采访小组说,自己的女儿曾经"醒来时不舒服,发烧了"。妈妈们一致认为，与上班和处理顾客的食物相比，当然更应该请假去照顾生病的孩子，但向主管请假时就会被解雇。餐饮就业中心联合会的一项研究表明，接受调查的近 90% 餐厅员工都没有病假。[27] 吉尔在谈到自己多年的餐厅工作时说道："在餐厅工作，生病就是生病，骨折是自己的责任，要付出代价，没人照顾你。生病的时候，没人付钱给你，没有病假时间，没有病假工资，根本不可能请假。"

你可能会认为在唐恩（Dunkin'，以前名为唐恩都乐——Dunkin' Donuts）这样的大型连锁店工作会有所不同，但实际上，唐恩所有的门店都是特许经营店，因此员工体验差异很大。丹妮尔告诉阿曼达，她十六岁就开始在唐恩担任收银员。她回忆道："十七岁的时候，我实际上被提拔为助理经理，干了大约一年，然后有了自己的店，做了大约八年的门店经理。"尽管公司提供医疗保险，每周从她工资中扣除大约 100 美元，但丹妮尔发现这些钱很难支付员工的保险定期缴款。她说："我每周支付 85 美元保险费，这些钱甚至不太够，但我猜这是因为我们公司规模比较小——例如，可能只有 8 个唐恩都乐特许经营店，所以如果没有那么多人缴纳保险费，费率会很高。"被问及如果需要，是否有定期带薪病假时，丹妮尔笑了。"不，他们没有提供任何类似的福利。"事实上，丹妮尔说，作为一名经理，如果有人请病假，她就必须在没有事先通知的情况下去上班，如果门店出现问题或者公司需要安排临时检查，她就必须在店里待更长时间。最终，时间变得难以驾驭。"我有孩子，可是我不在家的时间太久了。"

幸运的是，一位顾客与丹妮尔取得了联系，帮助她在当地的实得购物超市（Stop & Shop stores）找到了一份工作。"我当时激动得跳了起来。"丹妮尔说。因为她知道"实得购物超市有工会,提供各种福利"。不过,丹妮尔最初只能兼职。"只要在那里全职工作,和兼职相比,福利会大大增加。"她说。丹妮尔后来成为全职员工,在那里待了五年,直到本书第一章中提到的她的祖父母生病了。"我们必须照顾自己的祖父母,因为他们必须有人照顾,而且那里(祖父母的房子)离商店太远了,打一辆优步上班单程都要30美元。有一次车坏了,打电话约车时,我真的坐在那里不停地想,上一天班要花掉60美元啊。"

没有带薪休假或工作中的弹性,很难处理大大小小的家庭危机。而这些危机更有可能出现在背负沉重护理负担的妈妈身上。我们采访了数十位母亲,她们都提及自己不得不改变工作时间表来照顾家人而被解雇或扣薪的情况。一位在波士顿郊外仓库工作的年轻母亲告诉我们,有一天她早早回家,因为照看她儿子的人打电话说孩子生病了。之后,她的工作时间开始减少。她询问为什么自己的工作时间减少,被告知:"因为你有一个儿子。"主管在录用她时并不知道她有一个年幼的儿子。现在,这位母亲说,他们的表现就好像自己"欺骗了他们",因为应聘时没提到孩子,如今她受到了惩罚。

在亚特兰大,接受我们采访的妈妈们指出,一旦孩子进入集体照看的环境,就会更频繁地生病——儿科研究支持这一观察结果。通常,新的儿童保育安排标志着一份新工作的开始,这对孩子来说是一个糟糕的时期,容易生病。在婴儿或幼儿时期进入托儿所的儿童比待在家里的儿童更早接触病菌,更容易生病。但一些研究人员指出了学龄前儿童接触病菌的益处,例如儿童疾病专家西尔瓦娜·M.科特博士说:"我认为早点感染更好,因为这样孩子们就不会在学习阅读和写作这样的关键时刻缺课。"同样，贝勒医学院儿科/传染病教授盖尔·德姆勒-哈里森博士称这些发现"对职场妈妈来说是好消息"。针对送孩子去托儿所的母亲，哈里森博士提出了这样的建议："坚持下去。孩子们小的时候可能很艰难，但上小学以后会对很多感染免疫。"[28] 这项研究虽然可能给未来带来希望，但对于目前兼顾工作和孩子却没有病假的低收入母亲来说，可能不会提供太多安慰。法律与社会政策中心的数据显示，私营企业中，工资最低的工人中只有47%的人可以请病假，而工资最高的工人中有90%的人可以请病假。[29]

法律与社会政策中心的数据还显示，除了迫切需要病假外，93%的低薪工人无法因重病或家庭成员受伤而享受带薪家庭假。事实上，一些人口统计学家将女性面临的双重负担（工作和抚养孩子）与生育率下降和提高女性就业率联系在一起。对贫困女性来说，做母亲的成本更高。几位妈妈提到，即使生病也依然要去工作，以节省自己为数不多的病假来照顾孩子，但攒起来的几天假往往不够。在佐治亚州，一位妈妈讲述了自己的经历："老板告诉我，'这是你的工作，你需要待在这里'。我知道孩子是自己的首要任务。后来，我也确实被解雇了。"她以前在医疗保健行业工作。另一位母亲说，"你会觉得孩子可以通过医疗保健得到照顾"，人们确实会生病并需要照顾。

有时，病人就是妈妈自己。这些母亲们告诉我们，她们要么带病上班，要么失去工资，有时甚至失去工作。从事儿童保育、老年护理、食品制备和餐饮服务以及酒店工作的女性告诉我们，她们经常带病上班。她们学会掩饰或否认患病，只为"继续坚持下去"。事实上，很高比例的低薪女性从事照看、服务和护理工作，这些工作往往最为私密，需要与人密切接触，使得上述生存策略对公众来说变得更加危险。2020 年秋，在俄勒冈州波特兰市，一名家庭护理人员向莉萨承认，自己以前生病时曾坚持工作。她在发烧时，靠服用泰诺退烧，从而得以进入私人住宅和协助生活机构继续工作。但她提出了一个反问，"'他们'会因为没有病假待在家里而失去工作、失去购买食物和支付房租的能力吗？我的首要任务是自己的家人。"妈妈们谈到自己每三个小时服用一次泰诺，还要做饭，打扫酒店房间，照顾养老院的老人以及照看别人的孩子。她们会否认或隐瞒患病（包括肺炎）的事实，以满足自己家庭生活的必需。

很多个人表达了对美国大形势的看法。2016 年，一份关于全国妇女和家庭伙伴关系的民意调查报告显示，快餐业 70% 的女性即使生病，包括咳嗽、打喷嚏、发烧、腹泻或呕吐等，也仍然坚持上班。[30] 新冠疫情期间，让保姆、家庭护理人员和优步司机带病工作的可怕后果成为人们关注的焦点。调查显示，越来越多的舆论呼吁为所有工人提供病假。但几十年来，低薪工人一直在权衡他们少得可怜的选择，失去两三天的收入可能意味着在寒冷的冬季无法支付电费或取暖费。

怀孕和分娩

生育带来一系列完全不同的挑战。虽然严格来讲，这不是一种疾病，但怀孕和孩子出生前后缺乏假期也会对工作和家庭造成巨大困扰。接受我们采访的母亲说，与病假相比，她们更不可能休任何育儿假。住在丹佛的年轻黑人母亲格洛丽亚向一群妈妈讲述了一连串事件，在座的其他人似乎对她讲述的事情司空见惯。紧急剖腹生下早产儿之后，还在医院里的格洛丽亚接到电话，得知自己被解雇了。根据《家庭和医疗休假法案》的规定，她甚至没有资格享受无薪假期，也无法处理无薪休假带来的经济影响。手术后不久，由于收入减少，格洛丽亚的住房也岌岌可危。

数十位母亲对我们说，无家可归是笼罩在她们身上最糟糕的噩梦。很多人告诉我们，为了不和孩子流落街头，她们什么都可以做。带着小宝宝的格洛丽亚仍然处于手术后的康复期，她做出了自认为最好的选择，以确保家人的生存。她说："我能做的就是把他们在医院给我的所有药物都拿出来卖掉，这样孩子出院后，就有地方住。"听完格洛丽亚的话，其他母亲也都说，"要尽自己所能"来保护孩子的安全。当时房间里的人都知道，不了解格洛丽亚处境的人会如何看待她。一旦发现格洛丽亚的新生儿还在重症监护室而她自己却出售药物以换取现金，她将被贴上最糟糕母亲的标签。

新生儿的到来会给每个家庭带来欢乐，也会带来艰辛。妈妈们告诉我们，在没有产假、收入或住处的情况下，孩子的出生会带来家庭剧变。除了自己面临的困难，她们更关注家庭的情感损失。同样住在丹佛的辛西娅解释说："我刚刚生了一个孩子，在医院就已筋疲力尽。我担心一切，没有办法，最终又带着三天大的婴儿住进了医院，还要担心如何支付房租。"

辛西娅的经历是低薪父母的常态。经济合作与发展组织的38个成员国中，包括带薪育儿假等在内的家庭公共支出方面，美国排名第三十。不过，私营部门取得的一些成效表明，这方面存在改进的可能性。[31]巴塔哥尼亚和谷歌等在社会方面表现优异的公司中，父母员工受益于灵活的带薪医疗和探亲假政策。在巴塔哥尼亚，女性可以享受四个月的带薪育儿假和现场托儿服务，公司支付一名看护人员陪同父母出差的费用。其他公司也有分类应对的方法。通用电气和麦当劳拥有延长育儿假等新增家庭友好型福利，但仅适用于领月薪的企业员工。[32] 在星巴克，这种划分甚至更明显：按月领薪水的父母有资格享受十二周或十八周的带薪休假，而全职小时工只有六周假期。事实上，这些进步的例子刚刚萌芽，但始终排除了可以说最需要这些福利的小时工。根据美国劳工统计局的数据，三分之一的专业人员可以获得一些带薪育儿假。低工资工人中，这一比例降至4%。[33]

辛西娅、格洛丽亚和我们遇到的其他很多职场妈妈一样，在生育孩子时甚至无法获得《家庭和医疗休假法案》规定的无薪福利，因为她们被以某种方式排除在外。这些妈妈们要么从事的是领取补助金的工作，要么是合同工，要么只是临时工；她们的工作时间在获得福利资格的范围之外；雇主只有不到五十名雇员；或者根据美国劳工部的规定，她们的工作月数不足以获得《家庭和医疗休假法案》的保护。但妈妈们指出，无论采取何种方式排除低薪工人，对她们来说，无薪假期根本就不是假期。在唐恩都乐工作的丹妮尔可以通过《家庭和医疗休假法案》获得一些无薪休假，她说："必须获得《家庭和医疗休假法案》批准才能休假，但这真的很难，因为其实必须为准备这几周休假多挣一些钱。"对于像她这样生活在边缘的家庭来说，无薪休假几乎不可能。休假时间不足，再加上孩子的需要，影响了母亲出去工作的决心。杰米在公立学校担任捐赠资助管理员，她说："感谢上帝，我在夏天生了孩子，不得不休产假，但那段时间我没有得到任何报酬。"

妈妈的反抗

接受我们访谈的女性都明白，如果在工作和家庭中无法满足不可能达到的要求，她们的所作所为就会被变成证据，证明她们是不称职的家长。母亲们解释说，如果自己迟到或要求改变工作日程，一些老板会表示理解，但很多老板会将其归结为陈旧的刻板印象——通常少数族裔的低薪妈妈做事杂乱无章，让人感觉不可靠。这个主题贯穿了我们所有的谈话。工作岗位的不稳定被归因于这些母亲的能力不足，而不是劳动力市场出现问题。贫困的职场妈妈表示，她们感到"被瞧不起"，被认为不负责任。黑人母亲更是大声疾呼并描述工作中遇到的这种不尊重行为，将其称为雇主和主管们的"偏见"或"种族主义"态度，也将其称为"母亲歧视"。马萨诸塞州的一位黑人妈妈说："他们（雇主/主管）有这种态度……他们认为你在制造孩子生病的谎言，在编造借口。"来自同一社区小组的一位白人母亲回答道："就好像他们的孩子从不生病？"但该小组得出的结论是，不知何故，监管者的看法有所不同。

很多父母以各种方式抵制不合理的工作要求和古板的主管。他们优先考虑家长会、儿科预约，或者参加孩子的体育赛事，尽管他们知道，自己会因为请假而损失金钱或陷入麻烦。某些情况下，他们失去了工作。丹佛的一位母亲说："我不是他们想要的工人，因为我是一名母亲。"她不再试图向主管解释自己为什么需要时间照顾孩子，只是不计后果地请假。萨曼莎是一位来自宾夕法尼亚州的白人单亲妈妈，有三个孩子，她特意向主管讲述了孩子们的情况,因此,当公司试图为她安排下午晚些时候和晚上的工作时,她会说:"那些时间对我来说不合适,因为放学后,孩子们都有各种活动,你知道我必须让他们做作业、吃晚饭、刷牙等。"当然,这些任务构成了我们对母亲工作的认知。

对其他人而言,辞职是唯一选择

因为每天要接送自己的三个孩子,所以桑德拉选择在亚马逊仓库上夜班。不过,迫使桑德拉从亚马逊辞职的不是体力劳动或通宵的时间,而是她的主管对手机的僵化管理政策。桑德拉说:"他们让我们把手机锁起来,而且一上班就要锁手机。我女儿有糖尿病,晚上可能发生任何事情,却没有办法和我或主管取得联系。他们,呃,给你这个1—800号码,无法联系到一个真人。"因为桑德拉的上司不愿意就她女儿的病情额外开恩,桑德拉觉得自己别无选择。

接受我们采访的父母对工作缺乏弹性或提出不合理要求而对孩子产生的直接影响尤其敏感。在亚特兰大,谢里描述了自己内疚的感觉,她女儿因长期上学迟到而受到了惩罚。谢里说:"我的(通宵)工作早上七点半结束,但孩子需要早上七点半到学校,所以我必须早点溜出去。但后来学校因为我女儿迟到要罚她课后留校……她不是一个坏孩子,只是要在(公寓)门口等我送她去学校。"几位妈妈表示,她们忙于工作,没能够更多出现在孩子的学校,因此受到老师和学校管理人员的批评。在佐治亚州,妈妈们描述了来自孩子老师、学校和日托管理人员的压力,要求她们更加积极地参与孩子的教育。在丹佛,母亲们表示,这种压力"让你感觉自己是世界上最糟糕的父母"。她们谈到,老师和学校管理人员将孩子在学校遇到的所有问题都归咎于母亲,有时似乎不相信她们的"工作借口"。一些母亲解释说,这些学校管理人员只是不了解低薪工作的现实以及受微薄工资影响的家庭生活。小组里的一些母亲还低声说"这是因为他们有带薪病假和假期",所以很难理解低薪工人别无选择或无法遵守常规的状况。

职场对母亲的歧视

"职场上,必须隐瞒自己的父母身份或谎称自己没有孩子。"

在佐治亚州,很多女性谈到了社会上对母亲的普遍"歧视",这迫使母亲们在工作场所"隐瞒"自己为人父母的事实,或者就此事"撒谎"。在与潜在主管和现任工作主管交流时,否认或不提及自己还有不能自立的子女(尤其是年幼的孩子),这种现象司空见惯。一位母亲说,她甚至不会向同事透露自己有一个孩子,而另一位母亲说,她告诉雇主自己的孩子和一位亲戚住在一起。另一位母亲向小组解释说,求职面试时,她捏造了托儿安排,因为"如果他们不喜欢你的托儿安排,就不会录用你,或者会解雇你"。

一位来自亚特兰大的祖母建议其他人"为被解雇而做好计划",因为被解雇不可避免。她提到,抚养孩子时,不得不"面对意想不到的事情",这通常意味着中断包括工作时间表在内的日常生活。老板通常不会对你孩子的需求表示同情。亚特兰大的这次社区访谈像其他很多访谈一样,变成了工作中"父母遭遇歧视"的讨论。一位申请在仓库工作的母亲说,她带着孩子求职,因为没有地方安置孩子,又不想错过工作机会。这位母亲向仓库主管明确表示,一旦受雇,她会安排托儿服务,但现在想来,她认为当时抱着婴儿的形象就已经让自己丧失了所有被录用的机会。来自科罗拉多州的一位母亲总结道:"如果他们知道你有孩子,就不会雇用你。"要一直把孩子"藏"起来,我们听到全国各地的父母如此相互建议。

我们了解到,"隐藏"孩子通常在找到工作之前就开始了。我们甚至了解到,这种隐藏可能在孩子出生前就开始了。几位母亲说,如果雇主知道她们怀孕,她们就会被解雇。此时,我们不再只是安静地做笔记,不再是中立的研究人员,虽然曾经受过训练要做中立的研究者,要安静地做笔记。参加佐治亚州社区访谈的一位协调员在听到女性谈论隐瞒怀孕时说:"你们知道有法律禁止这样做,对吧?有一项《怀孕歧视法案》保护女性不会因怀孕而失业。"该访谈小组的成员却一致认为:"这些法律不适用于我们。"无论法律如何规定,在劳动力市场的底层,妇女权利很少得到落实,或根本没有得到落实。在此之前,贫困的职场母亲告诉我们,她们会采取任何有效的策略。亚特兰大的一位妈妈说:"你必须工作,必须照顾这些孩子,必须平衡一切,必须养活自己的孩子。"

怎样才能在工作中得到晋升?

对很多妈妈来说,显然,为了不再依赖国家或朋友和家人的帮助,她们需要一条职业晋升之路。吉尔说:"如果我不晋升,怎么能自给自足呢?我正在寻找起薪为每小时十四美元的工作,我会想,呃,'坐在家里向政府要的钱比在你这里工作赚的钱更多。'

我过去，比方说，一个小时挣二十美元的地方，否则无法支付我和女儿的账单……除非告诉我可以从新工作开始，之后每隔六个月左右可以协商多付我一些，因为可以暂时牺牲一些东西，比如一年的健身等，这样就可以有一份稳定的工作，没关系，我们可以做到这一点，但这类工作很多都毫无进展。"最近，在一次求职面试中，吉尔询问升职的可能性，被直接告知没有成长空间，因为他们是一家小公司。"我在想，'你不会让一个有孩子的人接替你的工作'。"

几年来，我们听说了一些主管帮助妈妈们晋升的事情。丹妮尔告诉我们："我刚加入唐恩的时候，有一位导师，他看到了我的潜力，所以就提拔了我，让我成为一名商店经理。但后来这位主管厌倦了公司的工作，决定自己开餐厅。新经理上任后，情况发生了翻天覆地的变化，就像白天变成黑夜一样。"如果没有真正的晋升之路，妈妈们的成功就取决于能否持续找到帮助她们的人。"因为新经理还不清楚自己的工作，所以有几个月我无法完成目标，拿不到奖金。"经理拒绝接受丹妮尔关于食品订购和成本的建议，商店开始无法完成目标。"我指望这笔奖金。"丹妮尔说，"除了已有的工资之外，每月还需要那张六百美元的支票，因为我们需要这笔额外的钱。"因为日程安排繁重，加上拿到手的工资减少，在新经理上任几个月后，丹妮尔离开了公司。

很多妈妈说，主管可以改变一切。虽然有些主管可能会阻碍她们进步，但其他人会装作看不见。有一些人会尽量避免扣除这些妈妈的薪水，也不会书面批评某位待在家里照顾生病孩子的员工——这都是善意和体谅的小举动。玛茜是一位白人母亲，2016年在俄勒冈州上大学，同时抚养一个年幼的孩子，晚上在酒吧工作。她告诉我们,她的上司利蒂希娅试图帮助她。利蒂希娅现在已成为祖母,二十年前也曾是一位单身母亲,所以她允许玛茜把女儿带到酒吧的里屋,因为当时这个学龄前儿童生病了,不能交给年幼的保姆照料。玛茜带着毯子和泰诺来上班,可以经常确认女儿的状况。玛茜说自己"熬过了那个学期",多亏了利蒂希娅采灵活的态度,而且没有其他人知道。但玛茜知道利蒂希娅在冒险——向酒吧老板隐瞒同情玛茜的举动。

拉丁裔母亲葆拉住在康涅狄格州郊区,有三个孩子,曾从事服务业和零售业的低薪工作近十年,然后在帕尼罗快餐连锁店遇到了一位"善解人意的上司"。这位上司与员工交流,看看谁对未来的管理机会感兴趣。由于葆拉的孩子当时还很小,分别是十四岁、十一岁和九岁,所以葆拉还没做好升职的准备,因为如果当了经理,对日程安排的要求会更高。2019年,阿曼达曾与葆拉交谈过,不过她们几年前就曾在帕尼罗见过第一面,阿曼达经常带着电脑来写作,葆拉当时在那里担任收银员。有一天,阿曼达注意到,葆拉让自己的孩子坐在咖啡馆后面的一张桌子旁。那是工作日的午餐时间,葆拉给孩子们准备了图书、零食和电子设备。葆拉说:"如果孩子们放假一天或有其他类似情况,我可以让他们在咖啡馆里做功课或者干其他事情——如有必要,可以让他们在这里待八个小时。"

葆拉花了将近十年时间才找到一份可以这样安排的工作。不过,这种灵活性来自公司政策,还是来自她善解人意的上司,葆拉并不确定,也不想问。就目前而言,她只是松了一口气,因为能有一个稳定的作息时间,并且在工作中有人理解抚养孩子并不总是轻松,有时甚至无法预测。但是,如果这种情况发生改变,比如新上司态度强硬，或者试图改变她的日程安排，或者出现任何一种打乱她工作的情况（会有几十种这种情况），葆拉都将再次换一份工作，因为孩子才是她的中心。

在找到帕尼罗快餐连锁店的工作之前，葆拉在麦当劳工作了七年，和孩子的爸爸在同一家餐厅工作，当时孩子还小，这样就很容易协调工作日程。不过，最终她辞职了，因为未能升职，这让葆拉感到不快。在葆拉看来，不能升职仅仅因为自己是一位母亲。"本来有机会升职，但后来我被一个只工作了六个月的女人打败了，而我在那里工作了四年。她没有孩子，我想这令她更受公司欢迎。"

我们采访的大多数女性都认为，找到更好工作和拥有更高收入的可能性很小。有人认为只要努力工作就能晋升，而我们采访的女性认为这是陈词滥调，并表示自己的工作并没有职业阶梯，或者晋升空间非常有限。一项面向全国的研究追踪了低薪工人经济发展的状况，其结果肯定了这些女性的体验。《大西洋月刊》刊登了一篇题为《二十岁的穷人，一生的穷人》的文章。该文对马萨诸塞大学两位经济学家迈克尔·卡尔和艾米丽·维默斯开展的研究进行了总结。[34] 他们的研究成果表明，过去几十年间，工人的流动性很小，几乎没有机会提高收入。真正的变化发生在最高层。事实上，美联储的研究人员指出，低薪工人"更有可能失业，而不是晋升"。[35]

有些妈妈不仅讲述了自己的个人故事，还从更宏观的角度批评了社会。她们拒绝接受自力更生的神话，反驳关于黑人女性是"福利母亲"的说法，为被指责持有"这种态度"的单身母亲辩护，因为所有人都认为这种态度意味着不负责任。职场妈妈们看透了新闻和公共对话中的言论，因为这些言论使人联想到不负责任和依赖他人的种族主义刻板印象。讨论中隐含着这样的信息：贫穷的母亲（通常是单身、黑人、棕色人种或移民女性）不值得拥有更好的待遇。舆论认为，她们不是可靠的工人，而是杂乱无章的母亲，没有为孩子提供稳定的安排，也没有优先考虑工作的职业道德。来自波士顿的祖母提出的建议应该被视为自我保护："把自己的事情留给自己，"她告诉年轻女性，"保持安静并隐藏起来，因为关于孩子、怀孕、疾病和家庭生活的真相只会被用来对付你。"

多年来，在采访或社区访谈中，我们没有遇到任何一位单身母亲在没有更高教育程度、认证或工作培训的情况下离开过低薪劳动力市场。而且，这些母亲在获得高等教育的道路上也充满了阻碍。葆拉十七岁开始工作，从来没有机会上大学，但就像这本书中的很多妈妈一样，葆拉决心让自己的孩子得到上大学的机会。"知道吗？我的孩子们看到我这样生活，我不希望他们像我一样成为'月光族'。我希望他们接受教育，这样就不会像我一样了。"葆拉这样告诉我们。她还补充说："这才是最重要的。"

2020年，阿曼达在当地帕尼罗餐厅大门上发现了因新冠疫情而闭店的标志后，联系了葆拉。葆拉表示，自己正在领取失业救济金，希望只要一切"恢复正常"，餐厅就能重新开业。停工期间，由于不工作，她可以在家带孩子，但这也很困难。葆拉说："远程学习很艰难。我的两个孩子考试都不及格，因为他们不想使用电脑。"就这样，葆拉稳定而灵活的就业和孩子的大学梦突然陷入危机。

第三章　廉价的护理工作

"如果失去了那份工作，很难找到下一个家庭。"

2021 年春，阿曼达与刚下班回家的塞雷娜通了电话。每个工作日，塞雷娜从康涅狄格州中部工薪阶层聚居区驱车一小时去上班，失去了陪伴孩子的时间，因为富裕家庭支付给她的工资高于离家更近地方的工作。塞雷娜在被称为"黄金海岸"的该州东部沿海地区工作，那里的平均房价约为 70 万美元，家庭收入中位数位居美国前列。在这里，她每小时能挣 25 美元。尽管如此，塞雷娜说："要知道，你……你永远赚不到比这更多的钱。"因为她所做的工作不可能让她再找到更好的工作。塞雷娜马上警告阿曼达，自己的话可能会令阿曼达感到不安，接下来她谈到自己出院几天后就把早产儿留在家里，去照顾别人的孩子。塞雷娜一直"指望着能赚到的每一分钱"，直到自己孩子出生的那一天。但塞雷娜的第三个孩子提前两个月出生，而且因为疫情，"工作太难找了"，所以塞雷娜不得不马上回到工作岗位。

因为雇主可以随意减少工作时间，所以塞雷娜一直努力为两个家庭提供服务。"如果只在一个家庭做全职工作，就没有这种安全感，因为如果失去了那份工作，很难找到下一个家庭，比如每周工作四五十个小时的那种,你知道吧?"富裕家庭私人雇用的护理人员会被随时替代,这是护理人员面临的终极不安全感。多年来,富裕家庭可能会依靠护理人员照顾孩子、老人或残疾家庭成员,甚至照顾整个家庭。但是,如果孩子长大,年长者去世,或者搬家,抑或是决定干脆解雇你,你将面临没有养老金、没有资历或社会流动性的困境,要从头再来。

2020年,各单位都居家办公时,塞雷娜服务的一个家庭付给她一周工资,但在那之后,因为他们都在家工作,所以不需要塞雷娜了,就是这样。塞雷娜服务的另一家人发现她怀孕后,"雇主真的很沮丧,马上设法另找了一个保姆。我告诉他们,我会让我妈妈看孩子,这样你们就不必担心,不用担心我离开太久"。塞雷娜恳求那对父母,但后来孩子来得早,那家人还是找人代替了她。"我需要这份工作,有很多人都会接受这份工作。我需要这笔钱。如果他们能留住我,我愿意收更少的钱为他们工作,因为我已经习惯了那里的日常生活和一切。但现实并非如此,我是可以替代的。"值得庆幸的是,塞雷娜新找到了一个家庭。但她决定不告诉雇主自己刚刚生了孩子,不能冒险,不然就会失去这份工作。

塞雷娜九岁时随父母从厄瓜多尔来到美国。由于没有合法身份,母亲几乎没有工作机会,只能为富裕家庭打扫房屋,私下获得一些报酬。通常,母亲会带着塞雷娜,让她在车里等着,如果雇主家没人,塞雷娜也会帮妈妈打扫卫生。就像第一章里的很多"女孩"一样,塞雷娜还没长大,就被送到了一个特定的劳动力市场。十五岁那年,一些家庭开始请塞雷娜帮忙照看孩子,这给了她赚钱的机会。

和自己的父母不同,塞雷娜有机会成为美国公民,并且有机会进入大学学习心理学。"所以我上了大学，经历了一切，但是因为经济困难不得不辍学，父母真不知道如何帮助我。然后我又上了美发学校，后来被诊断出患有类风湿关节炎，也没能完成学业。所以唯一能够真正养活自己的本事就是当保姆。"与阿曼达交谈时，塞雷娜已经做了十多年保姆。

没有福利的低薪工作

数百万从事护理和家政工作的女性工资很低，即使全职工作，也无法让她们脱离贫困。美国劳工统计局的数据显示，有七百万到八百万人在私人住宅和护理机构从事各种个人护理和家庭护理工作，包括个人护理员、家庭保健助理、护理助理、保姆和其他儿童保育人员以及家庭清洁工等。这些工人中90%以上是女性，一半以上是黑人、拉丁裔或亚裔美国人或太平洋岛屿族裔。辅助专业医疗保健研究所是一家重要的医疗保健劳动力研究机构，其2021年的一份报告指出，上述工作薪资低，工作时间不稳定，缺乏法律保护，几乎无法获得福利或晋升机会。[36]根据经济政策研究所的数据，家庭佣工的平均工资为每小时12.01美元，仅相当于其他类似劳动力的75%左右。[37]家政工人生活在贫困中的可能性是其他工人的三倍，这丝毫不令人感到奇怪。国内劳动力市场研究方面的专家认为，官方数据大大低估了这部分劳动力，因为很多家政人员都在打黑工，比如塞雷娜的母亲。

除薪酬极低外，这些工作几乎不提供任何工作福利，即使有福利，私人雇主也可能随意提供或取消。经济政策研究所2020年指出，只有不到十分之一的家政工人拥有雇主提供的退休计划，

80%的人没有获得工作医疗保险。事实上，90%的家政工人根本没有带薪休假——没有病假，没有产假，没有年假，没有带薪假期。他们对自己的工作日程也几乎没有控制权，因为日程安排完全由客户需求决定。例如，来自俄勒冈州的家庭护理人员埃丝特尔谈到，在没有任何预先安排的情况下，雇主一家可能会离开一两周，导致她的收入大幅减少。埃丝特尔说，这种情况经常发生在护理人员身上。此外，鉴于很多家庭护理人员的客户都是老年人或慢性病患者，他们经常需要住院护理而不是家庭护理。埃丝特尔表示，即使病人或垃圾数量暂时减少，医院护士或城市环卫工人仍然可以获得报酬，但家政和护理工作的所有风险都由收入最低的工作人员承担。

塞雷娜从事保姆工作没有任何福利，没有病假或其他假期，没有健康保险或育儿假。被问及是否获得工作健康保险时，塞雷娜笑了："从来没有，但如果他们真的（提供），我想自己之所以接受这份工作，就是因为这些福利。"有些家庭相对慷慨，也许会付钱给她度假，但对大多数雇主来说，情况并非如此。"如果那个（假期）是你应该工作的一天，你就不会得到报酬。"塞雷娜说："大多数这样的家庭会私下付钱给你……没什么福利，能怎么办呢？我真的需要这份工作，所以愿意接受他们扔给我的一切。"

琼是一位黑人，在马萨诸塞州从事家庭护理工作，负责帮助残疾人，她讲述了和塞雷娜类似的经历。"即使在新冠疫情之前，一个身体不好的人也不关心圣诞节、生日、父亲节、母亲节、复活节、感恩节等。每个节日，我依然要工作，这必不可少。我在假期也总是要工作，在新年也总是要工作。因为要照顾别人，所以假期并不重要。是的，我的生活没有假期这种东西。"

护理工作的另一种形式是在自己家中提供集体托儿服务。与保姆、家政人员和家庭护理人员一样，这些女性的薪酬也很低，而且大多数没有福利或带薪休假，从事这项工作的几乎全都是女性，因为这样她们就可以"在家工作"，一边获得收入，一边照顾自己的孩子。然而，家庭托儿服务提供者往往继承了贫困父母工作的不稳定性，工作时间有时增加，有时减少；班次有时减少，有时增加。这些情况往往很少事先得到通知，或根本没有得到通知。家庭托儿服务主要面向低收入家庭，因为比中心托儿服务便宜，而且更重要的是，对于没有固定工作时间的父母来说，家庭托儿服务更灵活。"开放式工作时间"在低薪工人中越来越受欢迎，对儿童保育人员也产生了影响。从事托儿服务的人员表示，为低收入家庭提供托儿服务确实有困难，使得本来就糟糕的工作雪上加霜。

每年超过 2.5 万美元

"不能以此谋生。"

现年四十八岁的白人雷蒙娜是俄勒冈州的一名家庭护理员，她描述了使自己筋疲力尽的夜班工作，每小时收入为 11 美元。雷蒙娜的女儿凯芮有时会陪伴她，所以她们会平分工资。"我照顾的那位女士（海伦娜）患有痴呆症，也叫阿尔茨海默病，所以就像一个小孩子。她有时睡眠异常，有时可以睡个好觉，有时对吃的很挑剔或不想吃东西。所以，你有责任确保她安全，时刻待在她身边，为其提供照料服务。海伦娜有时选择搬进客厅睡，因此，我和女儿去的时候,我们就睡在客厅。海伦娜整夜不睡,我们就(躺在)那里,假装睡着,这样她就不想说话了。如果她生气或者打瞌睡,我们也会马上知道……我们的生物钟差异巨大,病人整晚都在睡觉,或者干些其他事情,你的工作就是确保他们安全,海伦娜曾想在夜里出去闲逛,甚至走上主干道,这很危险,万一被撞到或者有铁轨……"

海伦娜的家人(两个女儿和一个儿子以及他们的孩子)感谢雷蒙娜通宵陪伴海伦娜度过令人筋疲力尽的夜晚,他们将凯芮视为第二个值得信赖的轮班人,但没有一位家庭成员愿意支付额外费用。凯芮出于忠诚和对母亲健康的关心,帮助母亲熬过疲惫的夜晚。凯芮的忠诚不仅对雷蒙娜很有价值,对海伦娜的家人也很有价值。如果没有女儿的无偿帮助,雷蒙娜可能会辞职。就像前文所述,女儿会代替出门工作的母亲一样,成长中的女儿和成年女儿(如凯芮)可能会陪伴母亲打扫卫生、做饭、提供护理服务,这样一来,由低收入家庭成员支付无形的工资补贴,而富人则从中受益。

个人和健康助理的低薪并不总是由家庭或个人支付。希尔达是一名白人,为精神残疾客户提供个人护理服务。根据美国规定的工资水平,她每小时的收入约为12美元。希尔达的客户本身就是低收入群体,这些服务对象和美国制度都不会为她所做的额外支持工作提供补偿。尽管如此,她提供的医疗保健和社会服务为公众减少了数千美元的支出。希尔达说:"我通常不会照顾太多老年人,往往会和三十岁左右以及不到三十岁的人打交道,但他们有的患孤独症,有的精神有问题,你会为他们提供帮助,全天为他们提供支持。"希尔达所做的很多工作都鲜为人知,不仅需要了解客户及其家人面临的复杂健康问题和社交障碍，还需要评估客户适合什么工作并融入社区以摆脱孤立，同时还要预测未来会遇到的麻烦并帮助客户做好准备。

希尔达还描述了自己照顾一名女性患者的情形，因为这位患者的体重减轻了很多，所以使用的结肠瘘袋不合适。"瘘口里的东西滴下来，噢，天哪。那种气味。问题是我们本应该有资源……"希尔达认为这个女人正在走向死亡，于是联系了一位熟识的医生。"我得到了她的帮助，维护了（客户）的利益。"

希尔达谈到自己采取的步骤："我用一个笔记本把一切都写下来，完全按照（医生）说的去做，第二天就给保险公司打了电话。我告诉他们，我会记录下所有的事情，用打字机打出来，然后交给客户的每一位医生，包括她的足科医生，这些信息会出现在她所有的医疗记录中，每个人都能找到。这是第一步。第二，使用正确的词汇。然后，第二天她就得到了所需的一切。因为医生与保险公司合作，医生知道正确的术语。保险公司不会告诉你要向他们说什么才能获得保险产品。无论保险公司有什么业务，他们都试图为你的客户提供最便宜的东西。"被问及如果自己没有积极干预，这位客户会怎样时，希尔达说："喔，我的（医生）朋友说她可能会被送进急诊室或死亡。"希尔达拿的是低薪，却在非工作时间完成了这些挽救生命的各种救助工作。

儿童保育工作者也要经常完成这种无报酬的额外工作。西莉亚来自俄勒冈州，是一位白人母亲，有两个孩子，家中经营着一家幼儿园。被问及每天要工作多长时间时，西莉亚回答说："我没有精确计算过，也许十二个小时，基本都会这么长。"西莉亚描述了自己的日常生活："我的一天从早上六点开始，因为每天早上开门之前,都要忙些事情,确保一切正常。必须清理各种空间,把洗好的衣服从烘干机里拿出来带到楼上。确保门可以打开,开灯,打开加热器,诸如此类。还要确保当天需要从冰箱中取出的食物已解冻,所有这些小事儿,都是我干。通常情况下,我雇的人会在早上八点来,她会负责上午的工作。我会把洗碗机里的东西拿出来,在楼上做早餐,然后,当然还要照顾我的孩子,等等。是的,我自己的孩子也需要妈妈,要确保我的大儿子吃过早餐,然后准备上学,为他做好午餐,准备好书包——必须在他上学之前准备好,同时还要在楼下接家长们送来的孩子,也许家长还要和我说说话,然后为八个孩子准备早餐。"

和众多父母打交道,送一个儿子上校车,让另一个儿子加入自己照看的孩子们,把食物摆上桌,安排当天的活动:"事情太多了。有时到上午十点,孩子们都安顿好了,吃饱饭去玩儿了,我就基本等于——好啦,已经完成了一天的工作。"西莉亚说道。雇用一名全职员工会有一定帮助,但支付这名员工的工资会占用家里微薄收入的很大一部分。即使有这种帮助,西莉亚在孩子们离开后仍然需要再工作几个小时,安排第二天的工作。孩子们下午六点之前被接走。然后,"我把孩子交给他爸爸,那时候他已经回家了,再洗一堆碗,清洁,消毒(新冠病毒),把所有的用品都准备好"。最重要的是,由于接受国家补贴,西莉亚还要完成"大量的文书工作"以满足所有要求。除了完成自己的文书工作,西莉亚有时还要在睡前给孩子们的父母打电话。

为低收入家庭提供家庭托儿服务的不止西莉亚一个人。美国的最低工资标准太低了,数以百万计的工薪家庭有资格获得国家儿童保育补贴,但这些补贴带着监管的包袱。要获得补贴,托儿服务提供者必须遵守各州的要求并符合认证规定。如果某个州要求父母支付高额的"分摊费用"或者规定父母需要承担费用的比例，他们往往达不到要求。或者，如果家庭收入因强制加班或普通加班而突然增加，获得的补贴可能会减少，或者自付费用可能大幅增加。俄勒冈州的一位医疗服务提供者黛安娜，因为面临类似困难而停止接收任何"公立儿童"。该州需要家长支付高额分摊费用，黛安娜说，有些家长（通常是单亲妈妈）会逾期交费。如果这样，黛安娜就会发现自己每周本来就微薄的收入进一步减少，她需要决定是否要"把这样的家庭踢出去"。黛安娜说："如果家长们逾期交费，我会尝试与他们合作，比如制订一个追赶计划。但他们怎么能追上呢？"黛安娜还必须完成国家机构发放补贴的文书工作，这需要一定的标准，需要汇报自己的经营情况，这些事情根本不值得做。

照顾富人

塞雷娜现在依然要通勤去照顾富人家的孩子，部分原因是这样可以拿到比较高的工资。看到如此富有的家庭增加自己的职责或者试图省钱，塞雷娜很难理解。她回忆了自己的工作量是如何逐渐增加的。首先，雇主可能会询问一些简单的家务管理问题，或者"'你介意在照顾孩子的间隙用几分钟打扫一下浴室吗？'然后你就开始承担所有的清洁工作，每个月可以为他们节省一百美元，因为这样他们就不用再让管家过来了"。塞雷娜曾为一个有三个孩子的家庭工作，虽然薪水很低，因为她真的很需要钱。但疫情暴发后，雇主不想让太多外人来家里，所以突然间，"我就变成了管家、保姆和老师"。塞雷娜说自己感受到了压力,因为照顾孩子的职责增加了,孩子们一直待在家里,需要更多的照顾和关注(并且变得更加混乱)。雇主表示,他们无力再支付费用,因为他们"不知道疫情到底会怎样发展"。但塞雷娜知道,雇主付给自己的钱不会影响他们的生活方式。"是的,我的意思是这些家庭拥有六居室和七居室的房子,他们付不起每小时应该付的钱吗?"

保姆、管家和家庭护理人员很少有机会重新商讨自己的工资,即使雇主加大或改变对他们工作的期望。事实上,雇主要求更多帮助时,这些人员很难拒绝。对家庭雇主说"不"可能会使人感觉像是在破坏私人关系,但在这种雇主与雇员之间的关系中,负担是单方面的。很多家政工人描述说,雇主的家庭发生变化时,例如工作变动、婚姻破裂、父母工作时间减少、疫情或出现其他重大变化,这种关系很快就会恢复到老板与员工的状态。突然间,随着劳动力需求的减少,护理人员不再被视为亲人,不再是"家庭的一员"。

微薄的薪水之外是剥削文化

访谈中我们了解到,家政和护理人员从事的是一份陷入严重不平等和剥削文化的工作。这些职场妈妈(其中很多是移民和有色人种女性)谈到,自己不断被提醒处于阶级体系底层。除了微薄的工资,雇主还期望她们能够满足雇主不断变化的需求,始终服从雇主的需要。更重要的是,她们还要真正同情和理解雇主的家人,同时也接受自己的孩子和家庭一直被忽视的事实。尽管服务人员和零售人员的工作时间安排不可预测,但有偿护理工作成了母亲无穷无尽的负担，工作开始和结束的时间经常被忽视。

　　对于母亲来说，在照顾富裕家庭的孩子时，这种剥削文化的表现尤其明显。这些母亲经常会遇到"他们的孩子"和"我的孩子"之间明显的分歧。阿曼达曾问塞雷娜，雇主是否邀请塞雷娜带孩子去上班，特别是当她自己的孩子与被照看的孩子同龄时。塞雷娜只回忆起一个子例。"其中一家的妈妈告诉我，她儿子今天没有玩伴，所以如果愿意，我可以带上自己的一个女儿，但只能带一个，不能把两个女儿都带过来。"雇主愿意让"其中一个女儿"陪她的孩子玩，显然，她没有感觉到自己有责任考虑另一个家庭孩子们的感受。塞雷娜需要选择带哪个孩子去，把哪个孩子将留在家里，没有同伴——"留一个孩子在家里，我感觉很糟糕。"

　　大多数家庭，包括塞雷娜目前服务的家庭，都不允许她带自己的孩子上班。"我有时确实在想，"塞雷娜说，"为什么会这样？我猜他们比较紧张，也许他们想知道，如果我的孩子受伤怎么办？"这种排斥在我们遇到的家政和护理工作者中很常见。马萨诸塞州的一位母亲提供清洁和育儿服务，那一家的父母都是医生，她不能把自己的孩子带到雇主家，因为"他们认为这会影响我照顾他们放学回家的孩子。尽管自从孩子还是婴儿的时候我就认识这家人，这家人也知道我有多爱他们"。从来没人考虑过，家庭佣工的孩子也需要自己的母亲。

　　塞雷娜意识到自己必须放弃保姆工作，因为她发现自己总是疲惫不堪，心情糟糕至极。"我甚至不想理自己的孩子。下班回家，我通常有两个小时的时间去照看孩子，哄她们上床，喂她们吃晚饭，给她们读书，然后睡觉。可是后来，我到了只想路上买饭让她们马上吃完睡觉的地步，比如给他们买份麦当劳，这对她们不公平。我太累了，工作太多了，我不想让自己的孩子也如此艰难。"塞雷娜开始意识到，照看富裕家庭的孩子，实际上是把母亲从自己孩子身边抢走了。

没完没了的工作

"能多待一会儿吗？"

在我们采访的各州母亲中，家政人员描述了自己的工作性质使自己很容易受到剥削的情形。"在雇主家"，她们处于最脆弱的境地。有自己的孩子之前，塞雷娜曾做过一些住家服务工作以节省房租，但她看到了这种工作的严重缺点。她说："没有隐私，因为很明显，孩子们会进出你的房间，会抢走你所有的东西。你真的不能对他们说太多，这是他们的家，你无法告诉孩子们，你不可以进来。我没有隐私。"生活将模糊的界限变成了没有界限。依赖雇主，就要随时待命。只要在他们家，他们就会认为你有时间。"既然你住在那里，父母要洗澡，你就得照看孩子。父母要迟到了，你得照看孩子。我自己有什么计划并不重要……总是感觉没有自己的生活。不管怎样，我就像是他们的奴隶。"塞雷娜回忆起一位父亲在电话会议期间让她照看那些令他抓狂的孩子。塞雷娜说："半个小时后，我听到孩子们的爸爸在隔壁房间打鼾，我心想，'你压根儿没在工作，而是在睡觉'，可我能怎么办？"

雇主通常是母亲，可能会有意或无意鼓励模糊工作与私人关系之间的界限。作为小时工，家政人员也应该对家庭、孩子、老人或残疾家庭成员产生真正的依恋。通常也的确如此。通过从护理人员那里收集的众多故事，我们了解到她们改善了所照看儿童或老人的生活，从中获得了强烈的满足感。对于雇主家庭来说，这种感情确保佣工忠诚于弱势群体，为弱势群体提供更好的照料，使得被照顾的人更幸福。佣工不是根据严格的清单提供护理服务，而是对人的需求做出回应。

但是，佣工必须同时检查该清单，所有指定的任务必须当天或在规定的时间内完成。佣工必须洗碗、扫地、洗衣服、打扫浴室，或者给孩子喂食、洗澡，带孩子去公园，安抚孩子，让孩子小睡一会儿。这是一种双重角色：前一分钟，核对一份必须完成的职责清单，下一分钟，雇主就期望佣工扮演忠诚的亲属。这种模糊的角色也很容易扩展。家政人员和护理人员与雇主家的关系如此亲密，尤其几年后，她们会发现雇主的期望越来越多。佣工深深地融入家庭生活，如果雇主家有婴儿出生，有人生病，发生家庭矛盾，或雇主的工作突然需要更多时间，佣工就会理解，甚至同情雇主家庭不断变化的需求。雇主离婚后，保姆可能突然要负责收拾行李和搬家。房屋清洁工表示，雇主偶尔会要求他们在清洁时照看新生婴儿，然后这件事就变成了他们的日常工作。雇主要求儿童保育员做额外的家务，认为这些家务是"轻松"的活儿，或者要求她们熬夜照看孩子。这些额外的工作大部分都不支付额外费用，因为也属于护理工作，佣工也就默默地完成了，没有外人知道。

黑人家庭护理员雷吉娜指出，她和同事提供的服务远远超过纸面上的内容。"出色的护理人员会注意到自己客户发生的一些事情，会立即介入并尝试重新安排……这是一项非常复杂的工作，必须为每个人制订不同的计划。"一位四肢瘫痪的病人来找雷吉娜，翻阅档案后，雷吉娜意识到她的医疗补助福利即将到期。雷吉娜告诉我们："她正准备放弃所有救济，而我，作为一名家庭护理人员，正在努力为她提供帮助。她不能动，我主动打电话给（州首府办公室），看看能找到谁来联系这个人。这不在我的职责清单上……我没有得到报酬。"雷吉娜的另一位客户是音乐家，曾多次中风，很难重新使用双手。雷吉娜回忆道："有一天晚上，我在想，主啊，我该怎么办？没有答案。第二天，我说，我要去行善。便找到一把吉他，买下来，把吉他放在客户手上，让他活动双手，恢复思维，从此陪他开始治疗。他开始弹吉他了。"

雷吉娜还谈到为自己照顾的残疾人提供交通服务所带来的风险。她说："你在冒险……把客户放在自己车里。但是，如果把客户放在（城市）面包车或其他共乘车辆中，如果他们不知道如何乘车，这样的风险更大。""凭良心讲"，雷吉娜不能忽视客户下车后在街上徘徊可能遇到的危险。"所以，我试着充当司机，"她说，"提供交通服务，每英里①要花四十六美分左右，其中一半以上是汽油费，因为，客户可能需要去二十英里以外的地方。"雷吉娜要费力地帮助客户上下她那辆老旧的汽车，还要支付交通费用，承担事故风险。

造成严重伤害的工作环境

从事家政工作的母亲向我们讲述了在雇主家中遇到的烦恼，主要与文化相关。家庭护理工作者（特别是有色人种女性）认为

---

① 1英里约等于1.609千米。——编者注

自己在家务和护理工作等私人空间中普遍受不到尊重,这种不尊重通常来自富裕家庭的白人女性。在这些白人女性看来,女仆、服务员、私人助手和清洁工是"低级"形象,这来自种族主义的刻板印象。塞雷娜对我们说:"孩子们打了我,孩子们的妈妈还骂我,羞辱我。我是来帮助你的,不知道为什么非得这样对待我。"在谈话过程中,塞雷娜着重讲述了多年来当保姆所遭受的一些虐待。

为富裕家庭提供服务的家政人员讲述了富裕与不平等之间的关系。塞雷娜指出,父母的行为会树立榜样,孩子们会接受父母对待塞雷娜的方式:有些孩子几乎不和她打招呼,将她视为打卡上下班的员工。更友好一些的孩子会坐在沙发上和她聊天,询问她的生活。孩子们经常模仿父母的示范行为。塞雷娜回忆道:"天哪,我走到几个男孩那边,他们甚至无视我的存在。比如,(我说)'嗨,你好,你们好'(没有回应)。或者我告诉他们该打扫卫生了,他们会说'不,你打扫吧,那是你的工作'。"塞雷娜做了一顿大餐,然后坐在那里看着孩子们吃,最后她自己抢着才吃上一口。"孩子们对我说,'你为什么要吃?为什么和我们坐在一起?'"

并非所有雇主都这样,但有些雇主只知道严厉地下达命令。"他们真的不想和我聊天,不想和我说话,什么都不想。最重要的是,这些父母对日常生活、饮食和孩子的时间有非常严格的规定,希望自己不在家的时候这些细致的规定也能得到维护。他们会说'这是孩子们必须吃的东西,不管他们喜不喜欢',给他吃蛋白质奶昔或维生素之类的东西。"如果孩子们不把塞雷娜当人看,塞雷娜就没法让孩子们吃他们不想吃的东西,也没法让他们关掉电视。

几位黑人女性护理人员谈到,在如何对待家政人员方面,白人雇主固守"旧时代"的观念。换言之,白人雇主依然采用种族主义的方式。保姆、佣人和护理人员表示,一些家庭将她们视为女仆,部分女性甚至使用"奴隶"这个词,因为这些女性认为家政人员应该时刻准备满足主人的任何需求。个人护理人员谈到,有时她们到达雇主家门口却又被打发回家,让她们第二天再来,雇主命令她们清理散发着臭气的猫砂或狗屎,还有一位老年客户的儿子指示护理人员立即为他提供午餐,但这些都不是她们的工作范围。我们从不同种族的女性那里听到这些情况,黑人女性护理人员通常会将此归结为种族歧视,认为是种族歧视使这些劳动力一直受到贬低。

2020年,莉萨与自称混血儿的家庭护理员阿林娜进行了交谈。十五年来,阿林娜一直为老年人和残疾人提供家庭护理服务,只保留了熟悉的几个客户。多年来,阿林娜学会了"一分钟"内感知种族主义,即进入某人家中并与残疾人及其家人会面的一分钟内分辨种族主义倾向。"我去见过一些人,没错,一走进房间,就知道你不适合,这没关系。听说有些客户不想要黑人,我很在乎,因为我不想接受一个不想雇我的人。有几次,我见了雇主之后,他们接受了我的工作,但你知道他们的感受。"这些客户会接受阿林娜的护理工作,但那种感觉,"让人很不舒服,你知道吗?其实和我相比,他们并没有多重要",阿林娜告诉莉萨。

阿林娜说,自己现在知道要避开那些家庭,如果觉得不合适,就不会接受这份工作。在人与人距离比较近的个人空间,那样的工作可能会令人难以承受。阿林娜解释说:"我会去杂货店购物,然后做一些清理工作,或者做一些需要动手的事情,比如上药之类的工作，需要当着他们的面完成。我有两个特殊客户，必须给他们洗澡，给伤口换药，配药。"阿林娜不断恢复到这些护理工作所需的亲密程度。"必须靠近他们，"阿林娜说，"面对他们。"这是新冠疫情期间的一个重大挑战。但对种族主义者来说，这也很难做到。

阿林娜还说："我曾不得不和一位（白人）客户彻底中断联系，因为她是种族主义者。我以前知道她是种族主义者，因为我是混血儿。后来，因为（黑人的命也是命）抗议活动和其他一些事情，我们之间又产生了摩擦。她曾是我最喜欢的客户之一。我想，真的……她已经八十二岁了，仿佛回到了过去，回到了以前的那些日子，她得了阿尔茨海默病，心智当然不健全，我知道这会影响我的工作。你知道自己要面对的是什么吗？她当时认为我在外面参加骚乱，所以不想和我有任何关系。""她不想和我有任何关系。"阿林娜又轻声说了一遍，声音中透着一丝痛苦。

迪伊是一名家庭护理工作者，也是当地服务业雇员国际工会（SEIU）非裔美国人核心小组的主席，她为阿林娜提供了建议："阿林娜，这不是你的责任，他们患有某种精神疾病。"虽然阿林娜谈到了源于痴呆的精神疾病，但种族主义既贯穿她的讲述，也贯穿于有关如何对待家政人员的众多描述。

性 骚 扰

美国有禁止工作场所性骚扰的法律，但这在私人房间和家中似乎变得无关紧要。塞雷娜提到有些孩子的父亲"和她调情"，一位家庭护理人员谈到自己在照顾一位老妇人时，老人的儿子喝完酒走过来,"坐在那里胡说八道"。"说些谈论我身体之类的胡话",然后"他摸我,我告诉他,你没有理由把手放在我身上"。

很多家政人员已经学会非常熟练地应对性骚扰,会悄悄化解有潜在风险的冲突。一位家庭护理人员举了一个例子,一位早期痴呆的老人待她进入有辅助生活设施的房间提供护理服务后,便会抓住她,或者偶尔开始自慰。这位护工曾受过训练,会告诉老人停下来穿好衣服去吃晚饭,以此"缓和"这一局面。我们问道:"遇到这种情况,你是否可以寻求帮助?"她回答说,"这种事情经常发生,特别是遇到有精神疾病的年轻男性时。"

向我们描述自己工作的家庭护理工作者共有数十人,大约一半人在工作中经历过不必要的触摸和性骚扰,甚至受到过攻击,但没人提到自己向谁报告过这些事件。有些女性会立即离开,其他女性则谈到更换客户、变换工作地点和时间安排是多么困难,单单再去找工作就很困难。迪伊告诉我们:"人们不知道我们处理了多少类似情况,也不想知道,只希望我们清除垃圾。家庭不想处理这个问题,希望我们不去揭露,不说出去。如果他们的祖母有种族主义态度,或者老祖父喜欢在我们工作时把我们抓住,他们希望我们能够理解,希望我们应该理解。唉,是时候让人们了解我们面临的问题了。"

不受保护的工作场所

全国家庭佣工联盟(NDWA)主席蒲艾真 2019 年接受《纽约时报》采访时指出,种族主义和性别歧视已渗透到美国家政劳动的发展方式中。她说:"这个国家的第一批专业家庭佣工是受奴役的黑人妇女。美国劳动法从一开始就与种族隔离制度挂钩。由于没有最低工资标准,也没有议价能力,实际上也根本没有法律保护,当时主要由非裔美国女性组成的劳动力市场被进一步推向了暗处。"[38] 家政劳动力的设计和形象反映了对非裔美国妇女的制度化虐待。低收入有色人种女性为富裕家庭提供廉价劳动力,从而产生了压迫制度,主流女性主义几乎没有对此提出抗议。事实上,正如米基·肯德尔在《邻里女权主义》中指出的,如果女性主义被定义为优先考虑富裕的白人女性,该运动本质上就依赖于"有色人种女性提供廉价的家政劳动力"。[39]

家政和护理工作绝大多数由女性完成,而且有色人种女性占比很高,此类工作已被系统性地排除在基本劳动保护和公平工资标准之外。20 世纪 30 年代起,与农场工人一样,家庭佣工(主要是黑人和拉丁裔)被排除在最初的《公平劳动标准法》(FLSA)保护之外,因此无法获得最低工资保护,也没有包括加班费等在内的基本就业标准。《1935 年全国劳工关系法案》保护雇员参与集体行动以主张公平待遇和工作条件的权利,但将家庭佣工排除在外。国会通过《1964 年民权法案》时,家庭佣工再次被排除在外。直到 20 世纪 70 年代,《公平劳动标准法》才扩展到大多数类别的家庭佣工,但住家保姆和老年人的护理人员仍然没有得到基本劳动保护。即使早就应该将家庭佣工纳入在内的《公平劳动标准法》也存在局限性。为老年人、病人或残疾人在五小时内提供超过一小时"陪伴"的人员将失去获得基本保护的权利,包括最低工资保护。家庭佣工被排除在美国政策和保护之外,这也反映了全球趋势。根据联合国专门机构国际劳工组织的数据,全球 36% 的家庭佣工仍然完全不受劳动法保护。关注弱势群体的身心健康虽然对家庭来说极为重要,却成为经济中最廉价的工作。

全国家庭佣工联盟成立于 2007 年,旨在主张美国家庭佣工的权利,其核心使命在于通过《家庭佣工权利法案》,以确保家庭佣工受到人权法的保护,规范加班工资和休假,并为遭受性骚扰和/或种族仇恨的工人提供保护。[40] 各州也都通过了自己的相关法案,例如,纽约州于 2010 年通过了相关法案。但是,通过采访相关女性,我们发现这些保护措施完全没有落实。我们没有发现任何女性能够报告自己遭受的劳动侵犯、性骚扰或种族主义对待和攻击。由于这些女性往往过着贫困的生活,可能没有证件,或没有申报自己的收入,因此会默默进行算计,权衡不公平待遇甚至虐待(性虐待和种族主义攻击)与收入损失对家庭的影响。几位为富裕家庭工作的女性也认识到自己服务的家庭似乎都相互认识,如果被视为问题工人,这种名声可能会对她们未来的就业前景造成灾难性影响,即使这并不合理。

优　　势

"我们有自己的价值观。"

虽然很多护理人员分享了家庭护理工作中隐蔽黑暗的一面,但我们也听到了她们与客户及客户家庭牢固而真实的关系。包括阿林娜、雷蒙娜、西莉亚和塞雷娜在内的很多女性谈到了自己照顾儿童、老人和残疾人的感受,以及"设身处地为客户着想"的感受。塞雷娜与一些孩子建立了亲密的联系,孩子们不愿离开她。"你会依恋这些孩子,他们也会非常依恋你。"塞雷娜说。但她坚持认为，对很多家长来说，"即使我没有做错任何事，他们也可以随时解雇我。大多数时候，父母不会让我和孩子们告别，孩子们就会想，呃，你去哪儿了"。塞雷娜记得，在基督教青年会见到了自己曾照看过的一个孩子，当时她正带着新雇主的孩子。"这真的令人心碎，"她回忆道，"他们会说，你难道不想我吗？为什么不再和我一起玩呢？"尽管这些女性和自己的客户之间可能会建立密切的联系，但每一位家政人员和护理人员都曾回忆起剥削、苛责，甚至虐待的经历，有些谈到了如何坚守自己的价值观并继续生存。

来自俄勒冈州的妈妈玛丽拉是美洲原住民，她说："这就是价值观，不知道你是否听说过这个词，你自己会进入内在的身体和内在的灵魂。为了自己的安全，这是你生存的唯一途径。读过萨卡加维亚的故事吗？穿越（数千英里的美国）时，萨卡加维亚已经怀孕了。其他人都不知道她怎么能走这么远。他们想知道其中的秘密，她说，你自己会进入内在的身体和内在的灵魂。"玛丽拉就这样描述自己照看残疾客户需求所采取的平衡策略，她自己还有一个患有躁郁症的儿子，她对儿子的未来深感担忧。玛丽拉接着说："这与种族、钱以及通过受教育或工作所获得的头衔无关，无论是总统还是女佣。不管是什么，都与宗教无关。这与帮助有关，与互相帮助有关。只要时机成熟，想要的就会出现。"玛丽拉相信我们最终都会变得脆弱，无论是谁，那个时刻都会到来。她解释说，如何对待提供护理服务的人员很大程度上体现了我们的价值观。其他护理人员也同意她的观点。

作为一名获得认证的家庭护理员，雷吉娜表明了自己工作的基本价值观，因为她看着自己所有的工作在新冠疫情期间几乎都消失了。雷吉娜确信，自己那些脆弱的客户，其需求没有得到满足。作为一名虔诚的女性，雷吉娜发现自己被困在家里，却依然关心着那些老人。所以，她说："让我稍稍平静一下。我看到了老人对食物的需求，于是从三个老年人家庭开始，他们都不会开车，年龄在八十岁、八十一岁和七十岁左右，我就开始给他们送盒饭……我服务的家庭从三个增加到二十五个……现在他们会打电话对我说，'雷吉娜，我什么都不需要了，非常感谢你'。"被问及这种个性化的家庭护理服务是否有报酬时，雷吉娜说："没有，我不收任何钱，没有得到任何报酬，只是出于我内心的善意。实际上，我要说的是，这是我从未有过的幸福。"过了一段时间，在雷吉娜送餐的那些大楼里，所有低收入家庭和一线员工都开始筹集资金来支付雷吉娜的费用和工资。雷吉娜相信自己的善意会有回报，但情况往往并非如此。

新冠疫情护理工作

智库美国进步中心的文件显示，总体而言，女性在新冠疫情经济衰退期间失去了约 540 万个工作岗位，其中黑人和拉丁裔女性失去的工作岗位最多。[41] 我们听说，在 2020—2021 年，西莉亚、希尔达、雷吉娜、塞雷娜、雷蒙娜和其他很多人在新冠疫情期间失去了部分或全部收入。来自俄勒冈州的五十八岁家庭护理员乔伊斯是混血儿，她指出了护理人员付出的另一个代价。"我有一位客户住在一家机构，患有痴呆症，晚期痴呆症，她坐在轮椅上，但她，我的意思是她一无所知。你可以告诉她一百万次（戴上口罩），但她不知道你在说什么。可是你知道，每个人都希望你继续照顾她，包括她的家人和工作人员。我认识她很多年了，也想照顾好她。但是,'我要面临什么样的风险?'可是,我觉得如果我说,'不,我不能冒这个风险'……我患有哮喘,也可能会失去那份工作。因为新冠疫情,我的收入损失了一半。"

乔伊斯和其他家庭护理人员指出,他们可能会将这种流行病带回家。"我的伴侣免疫功能低下,周末我要照顾九十岁的母亲。我们要进入没有戴口罩的家庭,如果万一中招,就会把病毒带回家。"服务业雇员国际工会大力推动各州为家庭护理人员提供口罩、消毒剂和其他个人防护装备,以便在新冠疫情期间保持最安全的防护条件。然而,照顾小孩和精神残疾人士真的非常复杂,因为这些人没有能力了解不戴口罩所带来的风险,风险落在了以女性为主的护理人员身上,而护理人员还要担心自己脆弱的家庭成员。乔伊斯和其他人指出,剥削家庭护理人员的历史在很大程度上是富裕文化的一部分,"直到新冠疫情才使一些人看到了这一点"。尽管如此,个人防护装备从世界各地运来并分发给医生和护士,但护理人员等了好几个月才被认可为一线人员或医护人员,此举使这些女性的孩子面临一定的风险,而孩子是她们生命中最重要的人。

第四章　母性的中心地位

"对于自己的孩子，只需做到让一切井然有序。"

乔安娜曾在爱尔兰做护士，后来与丈夫和年幼的儿子移居美国，当时她还怀着女儿。现在乔安娜已经六十多岁了，语速很快，带有明显的爱尔兰口音，不时自嘲地发出咯咯的笑声。到达美国不久，乔安娜一家就在马萨诸塞州波士顿郊区昆西的一所房子里安顿下来。几年后，她家又添了一个孩子，但婚姻破裂，丈夫离开了她。"他和我最好的朋友有染，"乔安娜回忆道，"我们没有从他那里得到任何子女抚养费，实际上什么也没有，我只是对自己的事情感到非常羞耻，真的不知道这个国家是如何运作的。我确实得到了房子，但作为一个单亲妈妈，必须搞清楚如何让房子发挥作用。"以孩子为中心，在一个新的国家开创自己的生活，现在想到那种情景，乔安娜的笑声多于痛苦。当时唯一的办法就是找到一份满足他们需求的工作。乔安娜告诉我们："对于自己的孩子，只需做到让一切井然有序。"

多年来，我们听到诸多母亲的叙述中，几乎全都以孩子为中心。由于收入微薄，环境多变，这些母亲的生活以满足孩子的需求为主。乔安娜的经历说明了这一点。乔安娜在爱尔兰拥有儿童心理学大学学位和护理证书，但要在美国担任注册护士，就必须重返学校学习。由于家里还有年幼的孩子，没人帮忙，而且手里的钱很少，因此无法选择重返学校，所以乔安娜没有以护士的身份获得报酬，而是通过当地为老年客户提供家庭护理服务的机构找到了病人陪护或家庭健康助理的工作。即使在今天，美国的家庭保健助理和护理助理平均每小时的收入为10至19美元，而护士平均每小时的收入为34美元。但家庭护理使乔安娜可以根据孩子的日程安排轮班："我选择这一工作是因为它非常灵活，丝毫不会影响孩子们运动、上学和完成家庭作业。我开始上夜班，因为这样早上就能回家为他们上学做准备，他们放学后我也在家。"夜间找人看孩子可能很困难，所以乔安娜让自己的妹妹从爱尔兰飞来美国，帮忙照看孩子们过夜。"很幸运，我妹妹本来要住六个月，但她最终搬来和我一起住了五年。"不过，乔安娜她们一直在努力维持收支平衡，部分原因是护理中介机构没有提供任何福利。

很多妈妈谈到会寻找可以根据孩子的日程灵活安排的工作，从而可以做出富有创造性的生活安排。当时，乔安娜的孩子分别为四岁、十岁和十一岁，通过精心安排，一家人变得更加和谐。"我在疗养院照顾两位年长的姐妹，她们的情况不太好，所以我决定把她们接到我家……我想出了该怎么做。我赢得了两姐妹的监护权，她们有房子，所以可以卖掉房子来支付家庭护理费用，这个办法奏效了。"乔安娜还记得大家一起吃晚饭的情形。这种安排可以使乔安娜待在家里，和孩子在一起，开创了一个"在家工作"的领域，之前真是闻所未闻。"这份工作并没有干扰孩子们的生活、运动和上学等。相反，这意味着我能够更多地待在他们身边。客户两姐妹在我家待了很多年，直到最后一切都非常顺利。"

乔安娜的孩子已经三十多岁了，乔安娜本人也已经是四个孩子的（外）祖母。儿子是一名电工，大女儿是有两个孩子的单身母亲，在护士学校工作。最小的女儿凯蒂多年来一直与毒瘾作斗争，多年的艰苦生活对她的身体造成很大伤害，因此获得了伤残津贴。凯蒂的儿子特雷弗蹒跚学步时，凯蒂正处于毒瘾发作的阵痛中，乔安娜接管了特雷弗父亲的部分监护权。2011年，阿曼达遇到了乔安娜和她小天使般的外孙。在当地的九十九餐厅吃午饭时，乔安娜在雅座里摆放了外孙的玩具和零食。乔安娜谈到了特雷弗在她家的这段时间，她如何围绕育儿需求安排家庭护理轮班。现在，特雷弗十四岁，和爸爸住在另一个州。"我们依然非常亲近。自从他和我在一起，我们之间就有了一种牢不可破的纽带。"乔安娜在电话里告诉我们，声音很有感染力。

一生都在照顾别人，其代价如何？当被问及这个问题时，乔安娜说："我喜欢这样，那是我的整个世界。"六十多岁第二次患癌，当时她通过精细手术切除了口腔肿瘤，该手术需要拔掉她所有牙齿。只有几个月的时间，乔安娜又恢复了每周三天的工作。由于化疗对免疫系统产生影响，乔安娜采取了全面的新冠病毒预防措施，但是财务状况使她无法休息几个星期。乔安娜说："我工作是因为我必须工作，要支付账单，不过我仍然喜欢……照顾别人。"癌症治疗后，角色颠倒了，乔安娜需要孩子们的帮助。"医生说我非常坚强，就像一名战士，但我也是一个普通人，孩子是真正可以帮助我的人，对我来说，这意味着一切。"

接受我们访谈的女性都为自己优先考虑孩子而感到自豪。研究人员凯瑟琳·艾丁和玛丽亚·凯法拉斯对费城低收入母亲展开了一项著名研究，该研究发现，由于教育水平和工作机会有限，低收入女性极其看重母亲身份，并将孩子视为生活中主要的贡献和成就来源。[42] 同样，这些妈妈都努力实现做母亲的远大理想，这种理想已经在文化层面占据主导地位。妈妈们希望能够亲自接送孩子，监督孩子完成家庭作业，并通过丰富的活动来充实孩子们的日程。这些妈妈还知道，老师、教练和学校管理人员希望自己出席学校的会议和活动。然而，由于没有可用的资源来支撑这种密集的母职工作，所以这些妈妈必须发挥自己的创造力。

居家日托：兼顾工作与照看

在家中照看别人的孩子，可以在照顾自己孩子的同时获得报酬。琼来自密歇根州，是一位白人母亲，有三个男孩，本来从未打算开办日托中心。多年来，琼一直是一名全职妈妈，曾以租赁经纪人的身份涉足房地产业。但突然间，她需要离开当时的丈夫，因为受到了丈夫的虐待。"孩子们是我离开的原因，我不会让他们在那样的环境中成长。"琼解释道。依靠家人的支持并根据律师和妇女庇护中心工作人员的建议，他们一无所有地逃离了原来的家。"我们逃到我父母家，就是把东西扔进垃圾袋，然后抓住了狗……孩子们坐上了汽车，抓起东西就跑出了家门。"她们甚至把车停在了附近的一个停车场，因为知道自己付不起保险费，也不希望孩子们的父亲追回唯一的车子。琼告诉我们："就是这样。我的意思是我们没有从他那里得到一分钱。我姐姐当时甚至会带我去疯狂购物，对此我非常感激，以至于我都哭了……那个男人甚至取走了我的银行存款，所以我只能卖掉能卖的一切。"

琼的孩子们比以往任何时候都更需要她，尤其是大儿子，因为他"知道得更多,看到得更多",正在苦苦挣扎。同时,琼还得找到一份工作来养活孩子们。尽管拥有学士学位并四处求职,但琼找不到任何工作既可以满足自己的经济需求,又可以兼顾孩子。琼告诉我们:"我四处奔走,申请各种工作,他们会说,'哦,你太有经验了,我们要支付的报酬太多了'。丝毫没有考虑我的三个孩子。比如,我工作时,需要为孩子们寻找什么样的照看服务,他们不在乎。"即使申请托儿工作,琼也感到非常震惊,因为雇主在她工作期间没有为她的孩子提供安置服务或补偿,也没有一份工作的收入能超过抚养三个孩子的花费。

和我们采访的很多妈妈一样,到这个危急时刻,琼已经积累了几十年的育儿经验。她说:"我几乎一生都在从事儿童保育工作。"所以琼决定从事唯一能让自己既照顾孩子又能谋生的工作。"我开始自己创业,在家里提供日托服务。"琼完成了必要的背景调查,获得了启动和运行日托所必要的认证和许可。在此期间,琼的妈妈本来住在匹兹堡,也搬来密歇根州与琼和孩子们住在一起。"我的家人对我帮助极大,"琼说,"我觉得,妈妈们真的很聪明,她们真的找到了生存的方法。"琼感谢自己母亲做出的牺牲,表达了自己为儿子们服务的坚定决心。

经营日托所的最初几年,琼最小的两个孩子还不到七岁,家庭日托所的每个看护者需要照顾六个孩子,因此琼的两个孩子不计入其中。不过加上食品援助和医疗补助,四个孩子的费用足以维持他们的生活。最重要的是,琼围绕自己孩子的需求制订了日托所的日常安排。"一开始,我最大的孩子上一年级,所以我们进行了整合,比如,会一起走到公交站,二儿子上学前班,上半天学,所以我们早上、中午和下午都步行到公交站,这成为日托所每天和孩子们一起散步的活动。这让我安心，因为我不是把自己的孩子们单独送去车站。"自己的孩子生病时，琼甚至也有能力应对。"房子的视野非常开阔，所以我几乎可以听到和看到一切，如果需要让孩子们待在自己的房间，我会确保每个人都安全并保持安静，然后给他们拿来更多的姜汁汽水和饼干，或者他们所需的一切。也许我们会和其他孩子休息一天，一起看电影，或者如果有一个孩子生病，想躺在沙发上（以前发生过这种情况），我会带其他孩子出去，因为我们有一个全封闭的院子，而且装有插销锁和家庭报警系统，所以都很安全。"在与琼的交谈中，我们可以清楚地觉察到，当年丈夫扛着煤气罐和枪支保险柜带给她的惊吓。她担心前夫的行为会伤害家人，多年后这种担心仍然困扰着她。在家工作使琼几乎可以时刻关注自己的孩子，这是能消除她忧虑的唯一方式。

灵活安排工作和家庭

职场妈妈的创造力有多种形式。蒂莉是俄勒冈州的一位单亲妈妈，有两个孩子，离异后，她与另一位单亲妈妈联手抚养孩子。蒂莉告诉莉萨，这并非一种常规的生活安排，但有了租房、被房东赶出房子的经历，她们最终选择了购买房子，至今已经十多年了。"我们两个有一个上大夜班，有时她甚至想和一些女性朋友出去，或者去喝喝酒，她孩子睡觉后就可以开着门，我就帮忙照看，"蒂莉说，"这就是我得到的自由感。我的意思是，她，我们，真的只是抚养彼此的孩子，我们一起抚养彼此的孩子，感觉有人爱你的孩子也很不错。"蒂莉承认，这些安排使她们在共同居住期间无法追求浪漫关系,但这对孩子们来说却是最好的选择,对两位妈妈来说,孩子的生活最重要。

我们访谈的其他妈妈也都设法围绕照顾孩子来安排自己的职场生活。杰西是康涅狄格州的一位白人单亲妈妈,有一个五岁的女儿,她很高兴自己发现了消防员这条新的职业道路。杰西热情洋溢地告诉我们:"不久前,我最终意识到自己真正喜欢的职业是消防员,所以学习了消防急救课程,并成为哈特福德搜救队的一名志愿消防员。我已经参加了笔试并申请了所有可能的岗位。过去两年,我一直在找这样一份工作——很棒的工作。"

阿曼达:你在成长过程中曾经想过成为一名消防员吗?

杰西:没有,老实说,这一切都是因为我在公园里遇到了一位消防员,他正在和女儿一起玩耍。他说这是一份不平凡的工作,以前我从来没有意识到康涅狄格州的消防员每周只工作两天。所以,作为一个单身妈妈,真的想每周只工作两天,即使二十四小时轮班,这也是一种福利。还有,你会得到所有其他福利,比如不受限制的病假和养老金等。

杰西开始相信,对于像她这样夜里要照顾孩子的单亲家长来说,消防员堪称一份完美的工作。

阿曼达:看来你渴望的是一份能兼顾妈妈职责的工作?

杰西:当然。我十一岁开始工作,不是真正意义上的工作,只是在街上的一个小卖部打杂。十五岁那年,我得到了第一份真正的工作。从那以后,我做了很多份工作……直到有了女儿,然后一切都变了。现在,你知道吗,女儿是第一位的,我宁愿花时间和她在一起,只要能勉强维持生计就行。

2020年春，杰西通过了消防员考试，正在等待自己和女儿所在地区消防部门的职位空缺。杰西说："现在新冠疫情来袭，我不能（从事志愿消防工作），以前每天都去做志愿消防工作，现在并不是我不想做。"即使在新冠疫情期间有机会去消防学院，她也没有找到合适的家庭托儿服务，所以至少在目前看来，杰西成为一名消防员的梦想被搁置了。

在美国，学校提供可靠的托儿服务时，我们经常听到女性寻找能有"母亲时间"的工作，因为这样可以实现以孩子为中心的生活方式。2012年，阿曼达遇到了杰米，杰米是一位来自波士顿的拉丁裔待产妈妈，已经有三个孩子。她们在杰米工作的波士顿公立学校一间摆满长桌和成堆椅子的空房间里聊天。杰米谈到了自己兼职参与当地非营利组织和波士顿公立学校开展的社区外展工作。杰米说，自己喜欢和孩子们一起工作，"这比和成年人一起工作好得多"。这份工作给了杰米梦寐以求的"朝八晚三"工作时间。有时，甚至能和自己的孩子们在同一栋楼里工作。因为能够与讲西班牙语的父母沟通，所以杰米被视为一名勤奋而受人尊重的员工，但由于她的职位通过补助金支付报酬，因此没有福利和工作保障。杰米说："我知道现在我们的资金可以撑过整个九月份，我的预产期在夏天。"这个职位让杰米有资格享受病假。杰米计划在生完孩子后使用病假，但她没有任何产假或育儿假。杰米说："如果是公立学校的老师，就有资格享受很多福利，但我们没有工会。"我们采访的很多妈妈都表示，她们希望孩子长大以后从事有福利、有工会资格和有晋升空间的工作。

同样，2011年，我们遇到了一位白人单身母亲罗伯塔，她有一个八岁的儿子，住在南波士顿的公房中，参加了一项社会流动计划，该计划旨在为低收入单身母亲赋权。在一家空荡荡的酒吧，调研组和罗伯塔一边吃着午餐沙拉，一边交流。罗伯塔拿出手机给阿曼达看儿子穿着篮球服的照片，她在找一份有时间顾及自己孩子的工作，赋权计划的顾问们对此却感到失望，但罗伯塔本人希望这份工作可以令她有时间去车站接孩子，能够开车送孩子去参加体育锻炼，并帮助孩子完成家庭作业。虽然这些事情可能会使罗伯塔成为一名更出色的妈妈，但该计划的重点在于帮助女性通过接受继续教育和寻找高薪工作来实现"自给自足"，去车站接孩子对此并没有帮助。由于工作时间有限等原因，罗伯塔正在一些学校寻找空缺，同时从事兼职工作。

通常，妈妈们会选择牺牲更高的工资和晋升机会，以换取成为称职家长所需的临时灵活安排。卡拉是一位白人母亲，有三个孩子，一直在企业初级岗位工作，但离婚后，孩子更需要她多关注。在波士顿绿树成荫的郊区，在卡拉与孩子们合住的公房厨房，阿曼达和卡拉一边喝咖啡一边交谈。卡拉谈到，由于家庭工作的灵活性，她选择辞去公司人力资源部的工作，转而为自己的叔叔工作，因为这份工作很灵活，她可以照顾家庭，当然，其中也有一些取舍。"这不是公司，所以没有任何福利……没有病假，没有私人时间，没有福利。每小时只得到13美元的报酬，但好处是，这是一个家庭，所以如果有需要，可以带孩子来。或者如果需要接孩子（也可以离开）。"卡拉做出了牺牲，我们听到无数妈妈描述过这种牺牲：短期内经济拮据，只为了在孩子年龄尚小时照顾孩子。

除非女性为自己的家庭成员工作或进入学校系统工作，否则，相对很难找到学校的工作或时间有弹性的工作，但夜班似乎没有问题。妈妈如果和大家庭住在一起，或者父母或（外）祖父母家可以在夜间帮助看护,夜班则可以让妈妈们更加自由,孩子醒着的时候自己就陪伴在身边,即使这意味着要筋疲力尽。就像前几章中的几位妈妈一样,被问及自己什么时候睡觉时,有三个孩子的拉丁裔单亲妈妈桑德拉回答"睡得不多"。学龄女儿和十八个月大的儿子总有这样或那样的要求,桑德拉每周在当地仓库上两到三个夜班,白天可以在家处理孩子学校和日间照料问题以及预约医生等。夜间由家庭成员帮忙照看孩子,使很多妈妈可以上夜班,但新冠疫情对此造成了毁灭性打击。杰西被迫辞去疫情暴发前不久找到的一份仓库夜班工作,因为与她同住的祖母有潜在健康问题,使她面临感染风险。研究人员针对新冠疫情期间工作的单亲妈妈进行了研究,发现如果以前依靠家庭成员照顾孩子但与照顾者不住在同一家庭,这部分低收入母亲的工作和孩子看护安排受到的影响最严重。[43]

2020年,拉丁裔单身妈妈路易莎在纽约长岛管理一个欧洲蜡像中心,她的一对双胞胎儿子正上一年级,但如果没有任何帮助,她的工资不足以养活这对双胞胎,所以她需要依靠日托优惠券和儿子们的公共健康保险。和我们遇到的大多数单身母亲一样,路易莎没有从儿子的父亲那里得到任何抚养费。极少有贫困母亲申请并获得子女抚养费。我们的研究发现,更常见的是,父亲会赠送些礼物,或者偶尔临时照看孩子,提供临时帮助。路易莎也提到了这一点。[44]最后,路易莎希望回到学校攻读护理学位。

由于新冠疫情,全美国范围内都关闭了水疗中心,路易莎接到电话去面试CityMD①的职位,担任病后护理临床助理。这个职

---

① 美国一家医疗保健公司。——编者注

位要求她负责预约,然后对患者进行跟进,回答问题,帮助转诊,传递实验室报告。虽然薪水并不高,但路易莎觉得,这份工作能够获得医疗领域经验,还可能在家工作,因为大部分诊疗现在都远程进行。"能够在家和孩子们在一起,真是太有帮助了……也具有挑战性。"路易莎笑着说。很有帮助,因为她的两个儿子在线上课;很有挑战性,因为孩子会坐在她身旁,向她要这要那。即使 2021 学年后半段时间学校恢复了全日制线下教学,路易莎仍然选择让孩子们在线学习,因为这样更容易管理。路易莎表示:"在线学习有它的好处,因为,如果我工作中遇到像今天这样的事情,就不必急着去接他们。"在家工作可能对单亲父母特别有帮助,但美国大多数低收入母亲都无法选择远程办公。事实上,研究表明,即使在新冠疫情暴发之前,不同社会经济阶层能否在家工作就存在很大差异,新冠疫情则拉大了这种差距。

新冠疫情带来的麻烦

2020 年,托儿所和学校基本关闭,很多妈妈只能每天二十四小时"工作"。人们越来越认识到,妇女照顾孩子和家庭需要承担繁重的劳动。新冠疫情前,丹妮尔和未婚夫围绕照顾四个孩子来安排工作时间。通过两人不同的工作安排,他们"不再需要使用任何外部托儿服务",这本身就是一项壮举。"无论(我)和未婚夫在哪里工作,我们总是有不同的上班时间,所以,有一段时间他上第三班次,我上第一班次。我或他总是能和孩子们在一起,或者我们和我妈妈住在一起时,可能是我妈妈和孩子们在一起,在育儿方面从来没有问题。"但疫情停课期间,在家上学带来了新挑战。由于三岁的孩子在家，大一点的孩子白天在家上学，因此必须有人在家进行协调。"我凌晨四点上班，中午十二点半下班。所以未婚夫早上陪孩子，然后我回家让他休息一下，但如果他也上班，我们的日程安排就会冲突，然后早上几个小时家里就没人陪孩子，所以，显然不能那样安排。我们不得不做出牺牲，放弃他的工作。"这意味着收入减少，但孩子们总是能得到照顾，丹妮尔说，照顾孩子是"头等大事"。

2020年冬天，与阿曼达交谈时，丹妮尔谈到要改变自己的工作安排，以便与三岁孩子的线上课堂同步。她想和女儿一起学习一些启蒙课程，但这减少了丹妮尔可用于工作的时间，而工资是她唯一的收入来源。"这对我产生了负面影响，因为每周损失四个小时。对普通人来说，似乎并不多，但对我来说，已经很多了，相当于每周损失70美元。对于靠工资生活的普通人来说，已经很多了。"

开业五年后，琼的日托所仍在运营，但疫情给她的企业和家人的生存能力带来了巨大挑战。琼说："从三月到六月，即使禁令解除，整整三个月都没有孩子来这里。我们能够生存的唯一原因是有两个全职家庭决定继续向我全价支付费用。他们不必这样做，但他们非常理解，帮助我们度过了这三个月。"最终，琼还收到了前夫的纾困支票和部分失业救济金，这些钱由法庭判决执行，但在新冠疫情的艰难时刻，钱并没有到账。

新冠疫情迫使琼的日托计划模式变得更加灵活，以前接收家长在正常工作时间从事全职工作的孩子，现在接收一天和一周来日托中心时间稍短的孩子。"家长们又开始工作了，但很多人都居家办公，或者并非全职工作，他们会让孩子更多地待在家里，这样更省钱,所以孩子们会在不同时间送到这里。其中有四个人在这里上网课,有两个在家里上网课,下午来这里,年龄都不一样。但是我特别需要孩子们来这里,只好接受每个人的要求,接受所有不同的安排。一周的每一天都不一样。"

新冠疫情给美国各地的托儿所和父母带来了危机。对儿童保育行业的永久损害程度仍有待观察。2020 年的调查中,五分之二的托儿所表示,如果政府不给予更多援助,他们将永久关闭。[45] 还在经营的日托中心有 80% 以上表示自己招收的孩子减少了,40% 的经营者报告说要通过贷款和信用卡等负债才能生存下去。[46] 根据美国商会基金会的数据,即使在新冠疫情之前,美国三分之二的日托中心都是小型企业,每家服务的儿童不到 75 名,难以维持生计。

几年前,琼仅仅通过口耳相传就能填补其日托中心的空缺。"曾经还有一个候补名单,但后来这一切突然烟消云散。从来没有这么长时间没有孩子过来,我开始担心,到处做广告。"琼相信,新冠疫情结束,生活恢复正常以后,她会为全天入托的孩子制订更规律的时间表。她说自己最小的孩子 2021 年秋季上学,日托中心可以带来比以往任何时候都多的收入,因为"我会招满孩子,这也是第一次"。琼希望自己在社区的声誉会持续,其日托中心不会永久关闭。实际上,研究人员认为,受新冠疫情的影响,半数日托中心将永久关闭,这些关闭的日托中心预计会导致美国 450 万个育儿名额流失。[47] 我们将在第五章深入讨论父母和工人的育儿困境。

全职妈妈也是一种选择

新冠疫情迫使美国各地的母亲"待在家里",因为她们的孩子突然被困在家里，无人看管。但过去几十年间，处于收入层级两端的母亲最有可能为照顾年幼的孩子而退出劳动力市场，这也许是优先考虑母亲身份的最明显方式，但从文化角度来看，全职育儿可能被认为只有富裕家庭才能做出的选择。在我们采访过的很多贫困妈妈看来，在权衡孩子的需求和糟糕的工作选择时，数学根本没有用，包括幼儿看护费在内的生活支出将抵消她们可以带回家的所有薪水。因此，尽管各种有说服力的文化信息都在告诉贫穷的母亲必须去工作，但有些人还是选择在孩子小的时候待在家里。南波士顿朱莉家庭学习中心为贫困母亲提供技能培训，同时让孩子们在蒙台梭利幼儿园上学。其执行主任罗伯特·蒙纳罕表示，对一些母亲来说，在家做全职母亲是有意义的。"我们帮助一些参加我们项目的人申请社区大学或就业，但有些母亲选择继续领取福利并担任全职妈妈。"事实上，大约四分之一的全职父母生活在贫困之中。[48] 他们的工资往往很低，育儿费用又很高，如果他们能想办法勉强度日，待在家里也合情合理。

通常，待在家里照顾孩子并不意味着完全离开工作岗位。我们遇到的妈妈当中，"离开"往往是部分或暂时的。杰西在女儿两岁时选择离开工作岗位待在家里，在女儿四岁并有资格参加学前教育项目时，杰西又重返工作岗位。"我决定留在家里陪女儿……全职工作时，作为单亲妈妈会感觉很困难。早上我可能会陪伴她一个半小时，然后就得去上班，开车大约需要一个小时，工作八到十个小时，我的父母会去日托中心接孩子，下班需要一小时，在女儿上床睡觉时回到家。"杰西解释道。她说，如果疯狂的奔波意味着她们可以舒适地生活，情况就会有所不同，但她仍然无法支付每月的账单。"日托费每月1400美元，我整天工作，收入还是不够支付账单,父母还得帮我。"如果待在家里照顾女儿,杰西可以领取失业金,虽然钱少,但她说有时间和孩子在一起非常值得。"我们会去动物园、游泳、远足,周一还会跳街舞,周二跳芭蕾舞,周三做体操。"

但贫穷的妈妈们可能会担心别人如何看待自己的选择。杰西告诉我们:"我讨厌别人问我,'你是做什么工作的',就好像我脑子里有个声音说我什么都不做,但事实并非如此。我只是没有丈夫来支付各种费用,但我的每一分钱都花在女儿身上。"财富集中在纽约市周边郊区,在杰西和女儿居住的费尔菲尔德县,全职妈妈的比例位居全国之首。虽然皮尤研究中心的报告称,约20%的美国家庭有一名全职家长,但是在纽约州费尔菲尔德县和威彻斯特县的一些城镇,这一比率接近全国平均水平的两倍。[49]这些全职家长绝大多数是女性,丈夫的收入足以支付账单。杰西知道,虽然富有的父母待在家里的做法受到尊重,或至少得到支持,但她会因为待在家里带孩子而被贴上不负责任的标签。

据杰西观察,很多人认为留在家里带孩子的女性"无所事事",说明对女性照顾孩子还存在文化歧视。女性照看孩子维持了家庭和社区的完整及正常运转,这种劳动影响着社会的各个层面。虽然富有的母亲和贫穷的母亲都可能待在家里,但其生活却有天壤之别。事实上,富有的全职父母经常依赖贫困妇女提供家务劳动,我们在第三章已经听到了她们的故事。超过95%的房屋清洁工和97%的儿童保育员是女性,很多家政工作人员被迫把自己的孩子留在家里,自己去上班。[50]并非富有的女性都忽视了这一悖论。我们采访过的几位富裕妈妈对雇用那些花时间陪伴她们孩子的妈妈感到内疚。曼哈顿的白人劳拉曾是一名律师,现在与丈夫和三个孩子住在康涅狄格州达里恩,她从兼职逐渐过渡为全职母亲,但要依靠佣人做家务。劳拉告诉我们:"丈夫恳求我待在家里,因为我们的生活完全失控了……我当时想,留下保姆,因为坦率地说,丈夫无法提供真正的帮助。"在美国,高层管理职位往往需要全身心投入,并且这些职位主要由男性担任。收入最高的男性中,70%都有全职配偶。[51]

孩子成长期间,劳拉家雇用了一名住家保姆长达七年,劳拉做全职太太期间也没有辞退这名保姆。她们的关系日益亲密,劳拉说"就像家人一样"。后来,劳拉和丈夫得知保姆挣钱是为了寄给居住在世界另一端的孩子,保姆的孩子们希望她能回家,这让劳拉和丈夫感到不安。"我和丈夫讨论了这个问题,我们说,'她的家人依赖她,如果她不为我们工作,也会为别人工作。知道吗?但我们的关系那么好'。"劳拉解释道,她内心充满矛盾。"我记得有时谈话,她(保姆)会心烦意乱。她会说,'你们知道,我女儿说,你总是说再过一年就回来,或者说今年就回来,可从来就没有时间回来'。"劳拉家的保姆在美国工作了十多年后,终于回到了自己家。"你要知道,她的孩子上了最好的学校,私立学校。现在她有了一套公寓……还有这样的华丽乡间别墅,再也不用工作了。"保姆与劳拉电话交谈时,有时候会沉默下来,那是保姆和孩子们怀念的时光,永远无法追回的时光。

劳拉决定待在家里的部分原因是女儿被诊断出发育迟缓,需要预约医生和各种治疗。劳拉说:"我最大的孩子出现了语言发育迟缓现象,有些迟缓会演变成发育障碍。我要带着一个有特殊需求的孩子,了解整个特殊教育服务的申请过程。我不能说这是一份全职工作,但确实占用了各种预约和治疗之间的大量时间,我们还试图从学区获得服务。"

接受我们采访的低收入母亲中，有数量惊人的母亲都表示自己的孩子有特殊需求，这些母亲都承认，这种情况给家庭带来了巨大负担。我们跟踪数据的三项研究中，有两项研究显示，超过一半的女性表示她们至少有一个孩子有特殊需求。尽管这一过程存在一些问题，即来自贫困家庭的孩子需要在学校接受特殊教育或采取训练措施的比例奇高，但我们从母亲那里听到的是，为孩子争取帮助有多么困难。[52] 很多妈妈表示，她们在几乎没有任何帮助的情况下应对孩子严重的医疗、健康和行为问题，同时还要努力挣钱养家。低收入单身妈妈桑德拉生活在特拉华州，她四岁的孩子被诊断出患有无法控制的 I 型糖尿病。她告诉我们，自己感到陷入了困境，因为需要进行各种预约，而且突然要对女儿进行特别监护。由于女儿有时在学校会突然发病，桑德拉很难找到愿意接收女儿的日托中心和学校。现在，她的女儿在当地一家医院附属学校就读，该学校提供现场检测服务，但桑德拉表示，自己总是盯着手机，无法返回全职工作岗位。她说："女儿的疾病让我失去了工作，家也没了。"

对任何人来说，一旦有了孩子，家庭就变得难以管理，特别是还要面对孩子患病或发育迟缓的问题。萨布丽娜是一位富裕的白人全职妈妈，儿子有神经行为方面的问题。她指出，谁都很难获得帮助。"处理孩子在家的行为，还有学校和医生——单是获得诊断和治疗，然后调整药物，就非常耗时。我们有钱和保险来支付费用，不知道除此以外还能怎么做。"我们采访的富裕女性普遍像萨布丽娜一样，认为贫困母亲的处境更加艰难。这些年，萨布丽娜的儿子被诊断出患有从焦虑到双相情感障碍等一系列有特殊需求的疾病。"我无法回去工作的原因就是他，无论哪种有报酬的工作，无论哪种全职工作，因为基本上一直要断断续续处理孩子的事情。"2021年夏，阿曼达访谈萨布丽娜之前几周，萨布丽娜儿子宿营地的护士打来电话。她的儿子精神崩溃，需要接走。萨布丽娜为夏季制订的各种计划不得不突然取消。不过，只有富人才能放下一切来照顾孩子。

孩子们长大以后……

新冠疫情使琼的日托中心蒙受损失，2021年春才恢复过来，不过仍然需要依赖医疗补助和食品券。琼还参加了密歇根州的一项计划，该计划为日托服务提供者提供奖学金以攻读学位，是提高该州幼儿教育质量的一项措施。琼努力提高自己日托中心的星级评定，日托服务提供者如果表明自己获得了学位和证书、维护家长通信记录以及在线或通过公告板发布信息等，其星级就会上升。"这个项目给我带来好处，我必须更加努力工作并留住孩子们，但这没关系，因为一切都值得，可以让我们维持生计。我肯定会获得自己的硕士学位，所以这很酷。"就这样，琼的故事脱颖而出。对大多数妈妈而言，自己所做的工作使她们能够专注于年幼的孩子，但没有获得升学和重返学校的机会。

琼说，一旦自己的日托中心不再提供日托服务，她就想"帮助别人"摆脱受虐待的状况。"就像帮助她们意识到自己作为母亲所拥有的力量。我想为家庭暴力受害者提供咨询，帮助她们摆脱困境，找到一种与家人合作的方式，也许到时我会发表公开演说去帮助她们。"琼知道逃避虐待有多难，自己当年试图逃离虐待时,观看和聆听了 YouTube 上无数关于家庭暴力的视频和播客。"我很想公开演讲,帮助人们摆脱这些状况,因为我知道自己做到了,而还有人正需要外界的帮助。"我们遇到的很多妈妈都希望从事"帮助别人"的职业,往往是以多年前她们需要的方式帮助别人。我们反复听到这样的信息:她们不想迷失在绝望中,而是想成为可以改变别人生活的人。

被问及未来的计划,桑德拉起初似乎还很惊讶,好像很难想象有什么计划。她说:"嗯,我想参加高中同等学力考试课程的学习,很想上大学,还想在领养寄养系统找一份工作……希望会有那么一天。我可以做顾问、住宿管理员、行政助理,或者从事其他与孩子们在一起的工作。"桑德拉从小就生活在寄养家庭。"在过去那种环境,很难想象我会工作、上学,也很难想象我会成为一名全职妈妈。"桑德拉一边回忆,一边回到自己目前的处境,"现在似乎还是太难了,不知道这些计划能不能落实。"

做了母亲,就可能需要"休息"五年或十年,长期以来,女权主义者一直担心这种"休息"带来的影响,因为照顾孩子会推迟母亲的职业发展。女权主义经济学家强调,家庭护理责任使女性在经济上处于不利地位,但主流女权主义分析倾向于关注受教育的中高收入白人女性。在《邻里女权主义》一书中,米基·肯德尔写道:"我们很少将基本需求视为女权主义问题。粮食不安全和获得优质教育、安全社区、生活工资和医疗保健都是女权主义问题。我们的框架并没有把重点放到帮助女性满足基本需求上,而是增加女性的特权。"[53]

有色人种女性中,贫困母亲的比例较高。对这些母亲来说,推迟职业抱负往往从她们还是女孩的时候就开始了,一直持续到她们的孩子长大。这些妈妈可能在四十多岁或五十多岁的时候才开始专注于自己。我们看到，到这个时候，她们又经常被家庭的其他责任牵绊，包括照顾（外）孙子/孙女。不过，有些人确实找到了方法，摆脱了贫困和护理工作的沉重负担，这时她们选择的职业往往是为薪水一样微薄的低收入家庭工作。

第五章　托儿服务的空头支票

"孩子们总得有地方去。"

根据当时的总统候选人比尔·克林顿的说法，结束福利的关键一步是承诺"给予人们所需的教育、培训和儿童保育服务"，使他们能够摆脱贫困的处境并逐渐提高生活质量。[54] 政客们信誓旦旦地承诺提供有补贴的高品质托儿服务，让贫困母亲有机会去挖掘"工作的尊严"，因为突然之间她们在家中照顾孩子的辛勤付出不再受到重视。然而，儿童保育的实际供给远远不能满足需求。如今，大多数州只能为 5% 到 25% 符合条件的家庭提供托儿补贴。女性贫困和社会福利专家、休斯敦大学的白人教授希拉·卡茨解释说："随着福利改革的推进，政客们对强迫妇女工作这件事越来越感兴趣，他们会提供儿童保育服务，但这些服务并不足以照顾这些妇女的孩子。"

在美国各地，我们听到了许多母亲都在抱怨漫长的等待名单，尤其是在获得补贴的日托中心，排队等待福利的名单更是一眼望不到头。来自丹佛的一位低收入妈妈解释道，除非她女儿排到了课后托管的名额，不然她每天只能工作五个小时。"四个等待名单上都有她。我总不能把一个七岁的小孩单独留在家里吧，这周我已经崩溃了。"一些托儿中心不接受补贴的原因之一是，每个州的补贴计划都规定了一定的托儿费用标准。如果市场支持更高的学费（中心还有一份正在排队的全额付费人员名单），那么享受补贴的孩子将给中心带来一定的经济损失，损失每月可达数百美元，很难有激励措施来弥补这些损失。

低收入家庭可以获得的托儿援助包括基于财富状况测试或收入资格的补贴券、启蒙计划和学前教育项目。儿童保育并非类似社会保障或退伍军人福利的权益计划。托儿金用尽时，这些家庭只能排队等候。只有约40%符合条件的儿童能够进入启蒙计划和早期的启蒙计划，而且由于等候名单已经排了成千上万的人，对许多家庭而言，这辈子或许都轮不到自己获得资助。[55]税收抵免带来的联邦托儿援助服务无法进入低收入百姓的家里，因为儿童保育费用必须提前支付。[56]与欧洲国家大力资助的普惠计划相比，美国的公共托儿服务不足，甚至可以说是匮乏。[57]即便对于富裕家庭，找到合适的日托机构也并非易事，特别是一些大城市，这一问题尤其严重，很多家长甚至需要在孩子出生数月前就开始注册报名。

俄勒冈州波特兰市或许可以成为高质量普惠公共托儿服务的范例。该服务面向三到四岁儿童，并于2022年秋季开始实施。[58]蒙诺马县于2020年通过一项提案，同意对富人进行征税，用于资助该年龄段所有居民儿童全年的托儿服务和学前教育计划。波特兰的这一计划覆盖全县不同地区，能够提供不同语言的家庭托儿服务和中心式保育。所有孩子可享受每天六小时的免费课程，来自低收入家庭的孩子每天免费上课时间延长到十个小时，并享有优先录取的权利。一些地方还提供夜晚和周末的托儿服务。提案获得了民众广泛的支持，其中一部分原因或许是其目标受众面涵盖了所有儿童。波特兰州立大学的白人经济学教授、公共托儿专家和倡导者玛丽·金在投票前就注意到了民众支持的呼声。"父母似乎真正意识到了大多数家庭都无法承担托儿服务的费用。无论是对中产家庭还是低收入家庭来说,这都是一项巨大的开销,即便是那些从事托儿服务的工作者也并不能在这个行业内挣到什么大钱。"

像琼这样担任日间托儿服务的工作者、学前教师兼保姆的女性,是美国收入最低的群体之一,尽管她们提供的服务被妈妈们普遍认为是最重要的服务。经济政策研究所的数据显示,约95%的幼儿保育工作者是女性,并且其中很多是有色人种。幼儿保育工作者的收入中位数约为每小时10美元,而其他行业的收入中位数为每小时17美元。有七分之一的幼儿保育工作者生活在贫困之中,相比其他行业的工作人员,保育工作者享有工作福利也更少,85%的保育工作者表示工作并没有提供健康保险。[59] 波特兰的普惠托儿服务计划之所以引人注目,部分原因在于该计划提高包括课堂助理和教学助理在内的所有托儿服务工作者的工资,其最低薪酬每小时约20美元。这些工作者不仅包括隶属于工会的公立学校员工,还包括在家提供托儿服务的日托工作者及其助手。类似这样的计划虽然在数目上较为稀少,但已成功将儿童上升为社区首要的关注对象,甚至有可能成为全国范围的关注重点。

虽然现状在逐步改善,但差距依然存在。在国家和地方层面,民众普遍支持让公立学校的服务覆盖三至四岁儿童的学前教育。目前,社会对增加婴儿护理机会和援助的讨论相对较少,支持率也较低,主要原因是婴儿护理成本更高,而且更难找到合适的资源。玛丽·金教授表示:"在我曾参与的运动中,人们普遍认为学前教育是第一步,也是最容易的一步。下一步必须关注零到两岁儿童……因为这一需要十分迫切,成本高昂,极具挑战。同时我们也认识到,一旦有了薪资更高的普及型学前教育计划,提供婴幼儿护理的人数可能会越来越少。"

公共护理状况

与重视儿童保育相反,母亲们详细描述了她们在获取和利用当前托儿援助体系时遇到的问题。她们报告称,申请时需要填写大量的纸质材料,并对托儿券资格开展认证和再认证。由于托儿券的金额与收入挂钩,妈妈们需要持续上报自己的收入情况,而工作时间波动频繁会为她们造成许多麻烦。弗兰是一位来自波士顿的单亲妈妈,她与两个年幼的孩子住在公共住房中。她反映道:"做了妈妈之后,找工作就会变得十分困难,但我需要先找到工作才能获得托儿券,让孩子上托儿所。"也只有通过这种方式,弗兰才可以有时间工作。杰西也面临着类似的困境,她试图为女儿申请康涅狄格州"关爱宝贝计划"托儿援助,却无奈发现收入超出了限额。"每个月我限额超出大概 16 美元,所以没有给我资助名额。"但是,一旦离职,杰西又无法获得"关爱宝贝计划"托儿券,除非再找到一份工作,而在没有托儿安排的情况下,杰西根本无法找到工作。

获得了托儿券之后,找到愿意接受托儿券的服务人员又是个问题。实际上,在第三章中,我们记录了一些低收入母亲在家照顾孩子的情况,由于烦琐的文件和不断变化的补贴制度,即便是符合条件的孩子也很难成功入托。单亲母亲奥罗拉被加州的学徒培训计划录取,她带着八岁大的儿子从蒙大拿州搬到了加利福尼亚州。她告诉莉萨,这似乎是让自己的小家庭站稳脚跟的好机会。"我被那个计划录取了,我也确实有一套支持体系,不过计划最终落空了。"奥罗拉说:"我需要能在早上四点半到五点就开门的托儿所,把孩子送过去……然后得在周一到学校。我上网搜了搜,想找到愿意接受政府援助的托儿服务机构或个人。"然而,奥罗拉最终没有找到任何机构愿意接受托儿券。奥罗拉还说道:"为什么所有这些地方都拒绝接受政府补贴?就是因为他们并不是真正关心单亲妈妈的处境。"在后来的交谈中,奥罗拉猜测可能是因为政府要求填写的文件太多,托儿机构很难获得补贴。为了不丢掉自己辛辛苦苦花了二十多个小时车程换来的工作,奥罗拉在网上找到了一位女士。据奥罗拉描述,这位女士当时无法提供托儿服务,但承诺可以照管奥罗拉的儿子,只不过拒绝接受政府补贴。奥罗拉表示自己对这种反常的做法不敢苟同,但因为当时处境太过绝望,非常担心失去这份工作,所以奥罗拉最终还是用自己的钱支付了托儿费用,这几乎花光了她刚拿到的薪水。

使用托儿券在收入较低的地区更加常见,加剧了经济差距。在富裕地区,一些提供托儿服务的工作人员甚至从未被询问过是否接受补贴。城市研究所的一项研究表明,接受托儿券的学前教育工作者也面临着一些棘手的问题,包括教师工资水平低、流动性高,以及每位教师分配到的学生人数更多等。研究发现,过去六个月中,有一半的家庭托儿服务提供者和约60%的日托中心,为至少一名享受补贴的学生提供服务。然而,这些数据只追踪了受监管的托儿市场情况,并未涵盖未正式登记的托儿服务人员。同一份报告指出,一些托儿服务人员之所以接受有补助的学生,是因为这样可以保证至少一部分学费能够按时支付。

如何保留托儿券是令很多人头痛的问题，并且托儿券通常不会长期有效。贫困的母亲必须在成堆的规则和条例中努力维持她们享有的补贴，如果想保留名额，就必须准时缴纳自己的费用。对于这些母亲而言，失去托儿券一两个月可能意味着大学休学一学期，或者干脆因为缺勤次数过多而丢掉工作。接受采访的母亲为了长期能满足所有要求，常常在照顾孩子的间隙还要不停工作。

也有一部分母亲反映，如果托儿券因文书错误、时间限制或资格认证等问题被迫终止，她们会选择寻求援助律师的帮助。珍妮弗就曾担心现金援助用完后会失去托儿券资格。她说："一旦我女儿满四岁，我就必须全职工作，因为已经享受了四年福利，已经达到了上限。"攻读护理专科学位的过程中，她的托儿券使用期限将终止，她报名参加这个专业也是为了"不再需要这些福利"。珍妮弗告诉我们："我唯一能长久持有托儿券的方法就是全职工作，每周工作四十小时。白天上学，所以即使找到工作，也只能在下午三点到晚上十一点这个时间段工作……然后他们只会为我提供这个时间段的托儿服务，因为托儿服务只会在我工作的时候提供。所以这也意味着一旦上学我就没有托儿券了，我是真的走投无路了。"她所咨询的律师提到，如果珍妮弗声称自己有残疾，或许还可以利用这个漏洞获得托儿券。"她（律师）说我可以这样做是因为我正在接受咨询，更何况有焦虑和抑郁之类的问题都可以算是残疾。只不过我担心咨询师会说，'她没事啊'，你知道吗？在我没有残疾的时候试图去证明有残疾反而会让我更有压力。"

很多人常常以为有了托儿券，就能免费得到托儿服务，但实际情况并非如此。必须在工作或寻找工作的状态下才有资格申请托儿券，而且补贴的金额取决于收入多少（还要看需要支付多少）。住房券的情况通常也类似。"我听过有人说，'哦，如果你领取福利，他们会给你托儿券'。但实际上并不是这样。"杰米已有三个孩子，怀着第四个，我们在第四章提到过她的故事。杰米艰难地筹备幼儿托儿费用时，发现自己又怀孕了。"真的太贵了。即使有了托儿券，仍然要支付很多费用，一周要100多美元，而且这已经是托儿券支付一半后的价钱了。孩子上学前班，本来每周需要支付250美元，有了托儿券，就支付一半的费用。"当被问及即将出生的孩子是否会去同一家托儿所时，杰米赶紧表示："不会，一个婴儿每周几乎要花费400美元。之前是领取家庭托儿券，但现在是个体托儿券，所以每个孩子都必须排队。"

经济政策研究所的托儿服务计算器计算，在马萨诸塞州，婴儿日托平均年费高达20913美元，即使对中产阶级家庭来说这也是一个不小的数字，对于收入最低的家庭，支付这笔费用意味着他们需要将整整十个月的薪水全部上交。法律与社会政策中心数据显示，生活在贫困线以下的家庭如果自行支付托儿费用，通常要花费其总收入的30%[60]。来自波士顿的黑人女性雷切尔是一位育有两个儿子的单身母亲，此前为支付七岁儿子课后照管费用，已经拖欠了太多账单，也导致她失去了托儿服务资格。当时，雷切尔在做医疗助理，同时还要上课备考外科技师资格证。"因为欠托儿中心太多钱，我说，那好吧，在我能付清所有欠款前不能再把他送去托管了，因为去得越多，账单就越积越多，挣钱的速度根本赶不上交钱的速度，所以我就这么做了。那边同意了，于是我付了一个月的费用，但还欠他们800美元……我再回去的时候，他们告诉我现在削减预算，必须再排队。"课后照管服务一方面让雷切尔得以抽身去上学和工作，但同时又成了家里最大的开销之一。公共住房单元的租金会根据收入进行调整，所以根据雷切尔的说法，托儿费、房租和食物几乎花光了她全部的薪水。一旦遇到任何小的突发情况，或是在一些特殊场合，她就难以筹集到足够的资金。雷切尔的儿子年幼时满足申请托儿券的资格要求，然而讽刺的是，虽然儿子长大后只有放学后才需要托管，但雷切尔却不得不支付更多的费用。

我们遇到的几位妈妈由于托儿服务的高昂费用，被迫在托管质量上做出妥协，只为了确保能有地方照看自己的小孩。吉尔在解释所在社区的低成本托儿选择时说道："我在波兰天主教堂长大，在那边找到了一个便宜的保姆，她是我在教堂交的朋友，家里人也都认识她。她做餐饮业务，所以通常在家，你可以把孩子送去那里一整天，价格非常实惠，一天只要30美元，而且很方便。这个照看一大群孩子，但就是一直开着电视，不会教孩子们任何东西，只是确保他们安全，到点可以吃饭，避免发生意外……当然，我更希望我女儿去别的地方，这样她可以学习，夏天的话还能去游泳或者去公园玩耍。我也不想她一直待在室内，但有时为了支付其他费用，我不得不做出这种牺牲。"毫无疑问，成本和便利等因素会影响低收入母亲在托儿方面的决策。

女儿满四岁时，吉尔获得了申请学前教育的资格，这种学前教育会根据收入进行调整，她和女儿对这个学前班都很满意。吉尔解释说："这个学前班收费根据收入来定，我每周只需要付120美元，而且孩子上学的时间更长，可以一直上到下午五点，之前是三点。报名的时候，我们需要提供自己的收入状况，他们会根据这个来确定学费。"吉尔很喜欢老师把孩子们包裹得严严实实，不论天气如何都会带他们出去玩。这个学前班强调学习和纪律，而且距离她家只有五分钟的路程。"这是除了让我父母照看小孩外，迄今为止能接触到的最好的托儿服务。"

吉尔目前赋闲在家，于是阿曼达想知道吉尔是否顾虑工作后学费会因此增加。她回答说："不会的，一旦你进入系统，他们就不会调整费用，而且我可能压根也不会告诉他们。"在一个缺乏稳定性的工作环境中这一做法似乎合情合理。找到一个适合的机会，会尽一切努力维持现状。

安全第一

在加利福尼亚，奥罗拉为寻找托儿服务而冒的风险反而让她的儿子陷入危险之中。尽管奥罗拉十分担心将八岁的儿子一大早送到她在网上找到的那位陌生女人家里，但她别无选择。"所以我和她约在一个星期天见面，我想着'好吧，星期一，我就得把他送到这个陌生人家里'。就这样我托那个女人照顾了几个月。"奥罗拉说道。之后的一天，奥罗拉工作时突然得知儿子被落在了公交车站。"我接到八岁儿子的电话……他在一个街角给我打电话，我距离那里有三十分钟车程，所以马上放下手头工作赶过去接他。我非常内疚，即使你用尽力气做了一切可以做的事情，仍然会感到非常难受。他们实在是太不负责任了。"后来，奥罗拉才得知那位女士前去度假，于是让自己二十岁的儿子看管小孩，结果她儿子忘记去公交车站接奥罗拉的儿子。"太过分了，对我和儿子都太难了，我不得不放弃学徒工作。"奥罗拉在提到她因为托儿危机而决定离开学徒工作时如是说。

接受我们采访的母亲们表示，孩子的安全是头等大事，可能对全国大多数母亲来说都是如此，无论她们收入高低。贫困母亲对带有风险的托儿服务表示担忧，而她们在学习和工作上做出的决策也会受此情绪影响。许多母亲回忆到，此前的托儿经历让人深感恐惧。她们发现托儿人员对孩子疏于照顾，也目睹了托儿场所糟糕的硬件设施。佐治亚州一位托儿工作者描述了低成本托儿服务的情况，孩子们生活在拥挤、肮脏和风险重重的环境中，那里"有蟑螂，玩具也是破损的，而且，没时间给小孩换尿布"。丹佛的一位母亲反映说，她的孩子曾在当地托儿所遭受虐待，因此她不会再把其他孩子送去托儿中心照管。接受公共补贴的托儿中心常常环境恶劣，许多母亲对此深表担忧。托儿中心接收了太多孩子，却没有雇佣足够的老师，就连屋顶渗漏也只能用桶接水。丹佛的一位母亲解释说，她向科罗拉多州托儿援助计划提出投诉，但并没有得到回应。"我当时很担心女儿的健康状况，她们一整天没有给她换过一次尿布。"这位母亲把女儿从托儿中心接了出来，但迫于无法找到其他合适的托儿机构，因此不得不放弃自己的工作，又由于无法支付房租，还面临着被赶出住所的困境。

多位母亲谈到，无论托儿服务人员对孩子多么尽心尽力，也很难提供优质的照顾。由于人手不足、工作环境较差，以及薪资低微等问题，全国范围内托儿行业的员工流动率居高不下。这一发现不足为奇。研究表明，人员的频繁更替不利于孩子成长，但正如许多母亲指出，这份工作要求严格，其重要性遭到普遍低估，并且薪酬偏低。

在康涅狄格州，杰西回忆起自己十几岁时曾在一家托儿中心做过兼职。她回忆道："我发现她们对孩子的态度很差。一间屋子里婴儿太多,在当时肯定是违法的。也没有做好清洁工作,我记得有个女孩吐了,托儿中心就把她放在壁橱里等人来接,这样其他家长就看不到她了。"当被问及这种经历是否影响了她对女儿送去托管的决定时,杰西迅速回答:"这让我意识到,自己不在场就不会知道发生了什么,所以不能轻易相信别人。特别是孩子们年龄太小无法向你说清楚到底发生了什么。如果不是自己的孩子,你是不会像对待自己孩子一样对待他们的。"杰西坚持不把女儿送给陌生人照管,她十分庆幸家人可以在这个时候帮忙抚养女儿。"我有三个'临时保姆'——我妈妈、爸爸和奶奶。如果没有他们中的其中一个,我就没办法工作,事情就是这样。"然而,当疫情来袭,一向依赖家人照顾孩子的杰西别无选择,因为不能冒险让奶奶生命受到感染威胁,杰西还是放弃了工作。

获得合适而稳定的托儿服务并非易事,问题层出不穷,采访过程中母亲们也反复提及。这些问题阻碍了这些女性在工作和学业上的晋升。事实上,在佐治亚州开展的社区对话中,约60%的家长表示,自己由于托儿带来的问题失去了工作。在美国薪资水平最低岗位工作的女性中,约七成是家庭的经济支柱,因此失去工作可能会给她们带来灾难性的后果。采访过程中,我们听到了太多关于丢掉工作、未修完大学学分和未读完课程的经历。这些母亲并非总是遭到解雇或开除,许多因为找不到可信赖的托儿服务而主动辍学或离开工作岗位。一位丹佛的母亲坦言:"我们需要托儿服务,这样我们才能去工作、上学,然后养活孩子。托儿服务不稳定对他们的成长是有害的。"听到她的话,桌旁的其他人纷纷点头表示强烈赞同。

葆拉说:"我把女儿藏在烘焙柜台后面的一个大架子下面,但是老板发现了她,因为看到她的小脚悬在外面。"葆拉是第二章中有着三个孩子的拉丁裔母亲。她描述了在美国连锁超市普莱特上班时没有托儿服务的一天,也是会把五岁女儿藏在面包架里的原因。"老板很生气,但在我告诉他没有其他地方可以托管女儿后,他也确实认为我需要上班。"不久之后,葆拉辞掉了那份工作。

采访中我们还得知,一些母亲会带着生病的孩子去为残疾人或老年人提供看护服务,有些母亲把孩子留在沃尔玛和开市客的停车场,然后趁休息间隙再去探望,还有些母亲会让稍大一些的孩子在轮班时照顾更年幼的小孩。有时,母亲会偷偷把孩子带去备餐的餐馆后面,或者藏到打扫整洁的汽车旅馆房间。偷藏孩子的做法已成为她们生活的一部分,采访过程中也经常听到这样的情况。有些上司会与藏匿生病孩子的母亲串通好,不过一旦被抓住,所有人都会惹上麻烦——先是餐馆老板,之后可能还会惊动儿童福利机构和食品安全官。这些妈妈对我们讲述了自己如何在众所周知的灰色地带解决托儿问题。大家都心知肚明一点,那就是现如今找不到任何解决方案。当社会无法提供周全的对策时,她们为照顾孩子而绞尽脑汁。然而,公众默认这种情况应该归罪于低收入家庭的父母,所以为了成为一个好妈妈,妈妈们只能选择采取这种地下手段。

2019年,距离那次面包架事件过去近十年后,葆拉再一次回忆自己在麦当劳、普莱特等多个地方工作的同时还在不断寻找合适的托儿机构,当时的她惆怅万分,深感失望。似乎工作中没有人真正关心她孩子的福祉。"现在我可以笑着谈论这些,但当时真的压力巨大……这些经理只在乎底线,根本不在乎为他们工作的单身母亲。"因此,葆拉非常希望自己能保住潘纳拉面包店的这份工作，这样可以在节假日或学校放假时带孩子来上班，把他们安置在咖啡馆里。

朝九晚五以外的托儿服务

低收入母亲的工作时间通常难以预测，且排班调控水平低，缺乏灵活性，因此她们很难找到并维持稳定的托儿安排。目前美国约 40% 的工人工作时间不符合标准，包括夜班、晚班、周末班或轮班，而这些不规律的排班在低收入工作者中更为常见。[61] 然而，最近的全国早期保育与教育调查显示，98% 的日托中心不提供晚间服务，94% 的日托中心不提供过夜这一服务。

大多数妈妈表示，寻找工作日朝九晚五以外的托儿服务时遇到了困难，一小部分妈妈们认为二十四小时的托儿服务成了她们的救命稻草。蒂娅刚搬到波特兰时，需要从下午三点一直工作到晚上十一点，于是她立刻开始寻找适合四岁女儿的托儿方案。"我当时能找到二十四小时托儿是因为我的工作时间……而且我没有车，所以必须找到一条半夜一点还运行的公交线路。下班后先坐公交车，然后换乘，之后半夜一点左右接女儿，再搭乘最后一班公交车回家。"找到过夜托儿服务是支撑蒂娅继续工作的理由，但她和女儿仍然来回奔波，有时半夜还在回家的路上。

在接受采访的母亲当中，很少有人能够找到获得补贴的夜间托儿服务，这时许多母亲选择求助家人和朋友。当公共福利计划不足以满足需求时，这些同样收入不高的家庭成员就不得不承担托儿责任。姑姑、叔叔和堂/表兄弟姐妹们为提供帮助就暂时搬过来照顾孩子。吉尔在女儿出生的前三年都和父母住在一起。吉尔说,因为"父母在照看孩子上替我分担了很多,尽管他们都还在工作。我们当时住在同一间房,非常拥挤。兄弟姐妹当时也住在那里,但我负担不起搬出去住的费用"。最近,吉尔搬出去和室友同住,因为"只有这样才能付得起房租"。室友是吉尔认识很久的一位朋友,因此吉尔对他十分信任。吉尔偶尔和朋友出去玩的时候,室友也会照看她的女儿。"我会先给她穿上睡衣,然后让她上床睡觉。我相信他,他是我朋友。他只需要确保我们不会遭到抢劫,保证我的女儿不会出事,而他也确实做到了。"当被问及如果没有朋友和家人的帮助,她将如何应对时,吉尔坦言称:"老实说,我真不知道别人是怎么做到的。"同样,波士顿的单身母亲罗宾有一个十岁的儿子,她之所以在晚上还能上学,是因为自己的母亲就住在附近。罗宾表示,妈妈"晚上照看我的孩子,因为那时候我在上课。她会给我儿子布置作业或带他去打篮球,不管需要什么都可以满足"。

诸如此类的故事反映了一种全国性趋势:有三分之一低收入家庭的孩子经常由亲戚负责照顾。在单身母亲家庭中,亲属照顾的比例更高。这种照顾方式可能会巩固家庭成员之间的关系,解决单身母亲的燃眉之急。然而,通常负责照顾小孩的亲友也属于低收入群体,生活同样艰难。单身母亲帕姆与六岁的女儿居住在波士顿的公共住房里,她需要在女儿校车到来之前赶去上早期护理课程,因此她委托邻居在早上照看女儿。帕姆又担心这会给这位邻居造成困扰,因为她"也有很多事情和问题要处理"。帕姆在护理学校缺课的后果十分严重,但她似乎并没有其他选择。帕姆的女儿在此前曾有幸得到受补贴的学前教育,现在可以有机会参加高质量的"磁校项目"(magnet program),即使早上女儿没人照管,也会有专门的校车接送。然而,许多低收入家庭会将自己的孩子,尤其是学龄前的儿童,交由亲戚看管,而不是将孩子送到托儿中心或学校接受照顾和学前教育。研究表明,这种机构化的照顾方式更有利于学前准备,还能帮助培养社交能力,助力孩子在未来获得更高的薪酬,同时也为努力工作和上学的父母提供了可靠支持。[62]

我们曾在第二章中讲述过单身母亲桑德拉的故事。桑德拉的室友会在她上夜班时帮忙照看三个孩子,但桑德拉仍希望能找到更持久的托儿方案。"偶尔,他(指室友)会生气地说,'你得想办法解决这个问题(即找其他人在夜间照看孩子)'。"尽管她并不认为室友会真的离开,但这些随口抱怨着实让桑德拉感到担忧。和我们采访过的许多母亲一样,桑德拉没有住在附近的家人可以依靠。青少年时期,由于母亲吸毒成瘾和虐待儿童等问题,桑德拉被带离母亲身边。"我和姐姐有些矛盾,现在她也不联系我,她没有孩子,所以她真的不理解我正在经历的一切。"后来,桑德拉获得了暂时监护权,照顾同样离开母亲的十四岁弟弟。但后来因为桑德拉居无定所,弟弟又重新回到了母亲身边。"这太糟了,我明知道自己可以帮助他,他也可以帮我看孩子。"桑德拉说道。

对于一些工作顺利的家长来说,无论是把孩子藏在面包架里,还是留给室友或放在邻居家过夜,再或是在清晨五点交给室友或邻居照看,这些听起来都十分不负责任。但对贫困母亲来说,这已经是无数糟糕选项中的最优解。有些母亲与孩子的生活已经陷入经济拮据的境地,有时就不得不采取非正当手段来缓解这一困境。几位母亲表示她们已经意识到,妈妈们会因为"为人母"而错失许多工作机会，即使是工资水平最低的工作。这对全国各地的女性来说是个两难问题：为让家人摆脱贫困之境，就去参加会议，接受培训，找到新工作，或者上学深造，但隐含的前提是得找到人来帮着照顾孩子，因为只有这样才能完成上述种种任务。这些家长告诉我们，即使找得到一个靠谱的保姆，也承担不起保姆的费用。我们还了解到，有些会议和职业培训对获得公共福利计划资格十分必要，然而这些会议和培训却不允许孩子进入，从而限制了一些低收入家庭加入这些计划的机会。

疫情下的儿童保育

新冠疫情暴发后，桑德拉不再送十八个月大的儿子去托儿所，因此失去了儿子的托儿券。桑德拉其他的孩子开始在家里上网课。由于大女儿的糖尿病没有得到有效控制，桑德拉认为把孩子们送出去太过危险，只要有一个人感染新冠，家里的其他人都逃不过被传染的命运。她告诉我们："孩子们都快被憋疯了，没办法出门，我们不能冒这个险，因为他们一旦生病，就会传染家里其他人。"桑德拉还回忆了去年十月的一次事故，当时大女儿得了链球菌喉炎，高烧41℃，最后不得不在重症监护室里住了两周。桑德拉说："最后，因为缺勤次数太多，我被解雇了。"

2020年秋，桑德拉在为孩子们看似永无休止的网课而焦头烂额。她惴惴不安，害怕自己会失去劳氏公司的夜班仓库这份新工作。她表示："找到能顾及孩子需求的工作太难了，但他们都在上网课，更是难上加难。"桑德拉工作了整整一夜，早上六点拖着疲惫的身体回到家，还得马上督促孩子们打开电脑上网课。"他们讨厌这种上课模式,我也不知道该怎么办。把她们安置好之后,还要去照顾小儿子(18个月大的儿子),但女儿甚至……不好好上课,会直接跑开。"桑德拉居住的地区林木繁茂,网络时常掉线,因此桑德拉向学校询问是否可以给孩子准备一些打印资料。"她们都不喜欢上网课,天天这样简直没完没了。我帮她们登录,然后设置好,但之后她们自己就会退出登录,真是让人头疼。"

和许多美国父母一样,桑德拉担心疫情期间的远程学习会耽误孩子的未来。"我只希望他们能顺利完成学业,不要像我当时一样孤单,兄弟姐妹之间要相互照顾。孩子们已经开始讨论大学住宿的事情了,因为他们在 YouTube 上刷到了一些视频,但我跟他们说他们必须要取得好成绩,拿到奖学金。"桑德拉了解到,许多孩子在上网课时都遇到了麻烦。"这段日子确实难熬,学校的心理医生也一直在试图开导许多孩子,孩子们感到烦恼不仅仅是因为远程学习带来了诸多问题,有时候只是单纯想念和朋友、老师一起度过的日子……"

在疫情的第二个阶段,虽然一些孩子已经回到学校上课,但家长仍然会因为学校和托儿中心反复无常的安排而苦恼。妈妈们向我们讲述了此前应对学校和托儿中心采取关闭和隔离措施的经历。孩子们有可能去学校上一周的课,然后在下一周又被要求待在家里,他们可能因此而感到沮丧和担忧。"根本没办法提前做规划,因为压根不知道学校那边是什么情况。我本来打算找工作,但突然学校通知孩子们又要全部停课。所以,好吧,照顾女儿又成了我的主要任务。现在她又回去上学了,谁都不能保证学校会一直开放,所以我可能不得不辞掉一份工作。"杰西显得非常无奈。

毫无疑问,在疫情期间,妇女,特别是单亲妈妈,承担了更多的托儿责任。女性辞职的人数是男性辞职人数的四倍,而且有更多女性称自己为照顾家庭而缩短了工作时间并调整了工作计划。[63] 此外,单身父母相较于已婚父母更有可能失去工作,更容易遇到经济和物质方面的困难。[64] 哪怕只是偶尔帮忙照看一下小孩,家人和朋友往往也不愿意去做,或者没办法做到,所以许多单亲家长别无选择,只能留在家里。然而,对我们采访的大多数家长来说,这并不意味着家长可以与孩子享受亲密无忧的独处时光,因为出现心理健康问题的青少年人数创历史新高,这些青少年在情绪控制和受挫能力方面遇到了困难。[65]

自己看护孩子同样需要保姆

在疫情来临之前,杰米参加了波士顿的单身母亲赋权活动,该计划旨在帮助单亲家庭摆脱贫困。杰米刚刚取得了人力资源管理学士学位,但由于孩子出生在即,她无法想象在没有托儿服务的情况下怎么才能回到学校学习和出去工作。"找工作或参加工作培训的时候,同样需要托儿服务,这样我们才能提升生活质量,为孩子创造更好的未来。"在丹佛社区采访中,一位妈妈这样说道。然而,讽刺的是,即便是当地非营利机构提供的赋权活动也没有在母亲必须参加会议和活动时提供托儿服务。

在采访和社区对话中,有几位女性表达了自己对一些计划的不满,这些计划要求她们"在工作和上学时"再找"其他保姆"。有些人宁愿带着孩子去参会,即使这意味着把孩子留在现场让别人看管。科琳是一位单身母亲,儿子约瑟夫只有五岁大。此前,科琳加入了一个社会流动计划。然而，令她感到困惑的是，该计划每周六举行的重要会议并没有提供托儿服务，"他们可以报销参会时的托儿费用或者提供现场托儿服务"。项目工作人员督促参会者自己安排托儿以适应职场生活。然而，会议出勤率下降，母亲也不断要求增设此类服务，该计划最终增设了开会期间的现场托儿服务，但其最初的态度表明，即使在人力资源领域工作并经常与低收入家庭合作的专业人士，可能仍然无法完全理解妈妈们所面临的困境。

罗伯特·莫纳汉指出："儿童托管是妈妈们在获得帮助和享受服务道路上遇到的真正障碍，只有提供儿童托管，妈妈们才能专注于自己的教育，维护自身情绪。"莫纳汉是南波士顿朱莉家庭学习中心的执行主任，这一项目备受欢迎，曾有几位妈妈向我们推荐过。朱莉家庭学习中心的理念是同时满足妈妈和孩子的需求。她们将此称为"全方位关怀"的家庭模式，提供包括基础成人教育、就业和大学咨询、母婴咨询、家庭咨询在内的多项服务，现场设有蒙台梭利幼儿园，提供婴幼儿托管服务。

在照管孩子的同时为母亲提供帮助，虽然这一行为听起来合情合理，但将妈妈和孩子的需求进行整合，共同为家庭成员提供支持，满足两代人需求，这种方式在如今的社会也并不多见。该方式于20世纪70年代首次提出，在当时的时代背景下更具革命性。朱莉学习中心由让·沙利文修女和路易丝·科恩修女创立，她们在波士顿的公共住房项目中为不同群体提供服务。让·沙利文修女是一名获得资格认证的蒙台梭利教师，为当地的孩子们开办了一个学前教育项目。与此同时，路易丝修女为小学生提供服务。她意识到，妈妈们处于困境时，帮助孩子也会变得十分困难。两位修女在等待使用打字机去申请同一笔拨款时进行了交谈,并决定将她们的申请合并。莫纳汉表示:"她们是两位非常有远见的女性,能够预见到这种整合的方法将为家庭提供更全面的支持,将两种爱交融在一起。她们知道孩子们需要帮助,也知道母亲们努力想成为最好的家长,但这个过程充满了太多挑战。"

"儿子能在那里上托儿所,后来又去到了朱莉学前班,我感到非常幸运。"科琳谈到儿子在朱莉学习中心上学的情况时这样说道,"南波士顿只有少数几个地方可以接收婴儿,我儿子五个月大的时候就在那里上学。我陪他一起去了那里,他幼儿园第一年,我也过去了,这也深深治愈了我,给予了我很多支持和依靠。在那里,我不仅学到了生活技能,还懂得了育儿技巧。"科琳在工作人员的帮助下申请到了副学士学位项目,并获得了资助,成功去当地的社区大学上学。

2020年3月,受疫情影响,朱莉学习中心为妈妈和孩子们提供的现场服务都停止了。莫纳汉问道:"对于我们的模式来说,这是一个真正的挑战。你知道的,因为大多数妈妈坐地铁来这里,我们的员工、妈妈和孩子们丧失了安全感。他们来这并不会感到舒适。说真的,我们如何保持规定的社交距离呢?"员工们通过打电话,确保妈妈们有足够的食物、尿布、纸巾、消毒液、口罩和厕纸。因为其中很多物品在全国内供应短缺。到了秋天,他们开始让妈妈和孩子们错开时间重返教学楼。但10月时,波士顿公立学校停课,他们不得不再次停止孩子们的课程,同时计划2021年春季开课。"我们十分担心孩子们的退步,尤其是想到他们所经历的一切。"莫纳汉说。

第六章　悬崖边缘的母亲与孩子

"领到工资的时候,我哭了,这些钱对我的孩子们来说根本不够。"

2016 年,美国亚特兰大市。

达娜:我每天都活在惶恐中,担心每个月如何支付房租,每天上班都在为这件事情发愁。我在呼叫中心拼了命地工作,领到工资的时候,我哭了,这些钱对孩子们来说根本不够。

科拉:他们支付这么低的工资,为什么不能在赚钱的时候提供一些公共援助呢?

卡迈恩:他们根本不希望你的生活变好,想让你一直穷下去!

布莉:有些人愿意工作,我不想靠国家生活。为什么我不能赚更多的钱,然后存下一些呢?

珍妮:这样才能让一个人自给自足,存下一些积蓄以备不时之需。

达娜:根本存不下任何钱。你挣得越多,他们拿走的就越多。

科拉:唯一剩下的就是孩子望向你的眼神,然后问你:"接下来会怎样?"

对于一边工作、一边照顾家庭的母亲来说，生活充满了不确定性。依赖公共援助补贴微薄的工资如同在悬崖边生存，因为援助计划的主要目的是摆脱这些家庭对它们的依赖。正如科拉所说，你和孩子一起站在悬崖边上，孩子会寻求母亲的安慰，然后问"接下来会怎样"。

一个温暖的春日傍晚，我们在亚特兰大市中心的一栋办公楼里与八位母亲展开了交流。到场的有黑人、白人和拉丁裔，彼此之间不认识，所以我们在一张纸上写下大家的名字，张贴在墙上。她们迫切地想找到与对方的共同点。其中一位母亲曾在当地的呼叫中心与另一位母亲的姐姐共事，她们分享了之前接到的几通奇怪电话，还说起为保证能够在工作中保持"快乐"而被监视的经历，活动现场笑声不断。像往常一样，会议期间，几个小孩不停地穿梭在两个房间，确保她们的妈妈不会突然离开。一位母亲将腿上的婴儿抱给了另一位母亲，后者主动提出可以帮忙照看小孩，这样这位妈妈可以休息片刻。

这些年来，我们在讨论中发现，母亲们更愿意与群体里的其他人谈论与公共福利和"政府"相关的问题，可能是因为公共援助带来了一些丑陋的刻板印象。她们经常谈及自己使用这些福利补贴家用的经历，因为工资无法满足基本的房租、水电和食物开支。这个过程中，母亲们敞开心扉，分享经验并提出对策，因为接受任何公共援助都像在走钢丝，充满了挑战和不确定性。

福利妈妈：根源在于种族主义和厌女情结

在美国，种族主义已经渗透到了公共援助计划的根基。起初，有色人种的家庭被有意排除在公共福利的受益范围之外，随着民权运动逐渐取得成果，有色人种家庭获得了更多平等的机会，但与此同时，也面临着被指责为"福利骗子"的问题。援助计划中还存在着一种对女性的厌恶，表现在对单身母亲怀有敌意，认为她们生育孩子属于不负责任，要依赖辛勤工作的（白人）纳税人养活自己和小孩。2021年，政策与预算优先中心的一份报告研究了福利政策所反映出的种族主义历史。[66] 报告的撰写者之一伊夫·弗洛伊德在接受新泽西先进媒体采访时解释道："这些言论在政策制定上起着至关重要的作用，会让决策者认为黑人和棕色人种生性懒惰，又生很多孩子，而且依赖救济金生活。诸如此类的言论被大肆宣传。"

对贫困母亲的偏见已在公众心中生根发芽，还体现在为贫困妇女和儿童制定的每一个计划中。1996年的福利改革立法《个人责任和工作机会协调法案》对贫困妇女和儿童的福利政策进行了重要调整，同时也暗示这些母亲需要更严格的监管才能肩负起身上的责任并找到工作机会。民主党和共和党的议员对此发表了言论，声称终结福利救济将提升"工作的尊严"。然而，所有支持者都忽视了多年以来的数据，即大多数依赖福利的母亲已经有着相当丰富的工作经历。考虑到子女的需求及劳动力市场需求的不确定性，她们无法稳定就业，只能不断更换低薪工作岗位或频繁进出职场。即使这些母亲已经投身工作并在职场中打拼多年，社会对她们的负面偏见仍然存在，这种偏见甚至让一些对"福利妈妈"的监管和惩罚显得更加理所当然，然而这样的手段并不存在于其他社会援助计划中。例如，在社会保障、小企业贷款、退伍军人福利、税收优惠补贴，以及向公司提供的无息贷款等其他社会援助计划中,并没有像对贫困母亲那样严格的监管和惩罚措施。即使在今天,一些州给有需要的家庭分发临时援助或现金福利救济时,仍设定家庭或孩子数量的上限。其理由是:贫困妇女生下另一个孩子后如果无法获得更多临时家庭援助计划的福利,就不再有动力生育更多的孩子。近些年,包括马萨诸塞州和新泽西州在内的一些州已经废除了家庭上限法律,因为研究显示,这些法律不但没有减少婴儿出生率,还让本不富裕的家庭雪上加霜。[67]

采访既依赖公共援助又要挣工资的妈妈时,我们听到最多的话就是福利规定如同一片雷区。伴随着对贫困母亲的严苛审查,她们的家庭从未真正获得过充分的援助,然而只为了那仅有的些许帮助,她们不得不面对福利制度下无数烦琐复杂的申请程序。多年来,我们听到来自不同州的女性共同描述了一个充满陷阱的福利体系。这个体系痴迷于识破谎言,揭露作弊者,其本意并非通过投资母亲的高等教育和为孩子提供高质量学前教育来改善贫困家庭的状况。佐治亚州的卡迈恩和其他妈妈们对此深有感触。许多母亲认为这种体系"让她们在贫困的泥沼里越陷越深"。

悬崖危机

除了流程混乱和信息有误等问题,接受公共援助的家庭普遍面临着长期失去援助的威胁。这又称为"悬崖效应",即突然减少或全部取消缓解收入贫困的援助。失去的援助可能涉及一个或多个方面,包括食品援助、医疗保健、儿童营养计划、住房援助和托儿服务。失去援助可能导致很多人无家可归。"悬崖"一词在我们与全国的受访家长交谈时如幽灵般被反复提及。他们说,如果收入超过资格线,接下来发生的事情就会像多米诺骨牌一样。首先,可能会失去获得托儿服务补贴的资格,然后会因为不能留孩子独自在家而失去工作,最糟糕的是没有收入,面临被驱逐出门的噩梦。家长们时刻警惕着自己离失去福利的距离,并告诉我们这种恐惧笼罩着她们做出的每一个决定。亚特兰大的妈妈贾娜就是其中之一。她拒绝了餐厅提出的加薪提议,因为她知道这会让自己的收入略微超出资格线,小幅度的加薪将导致食品援助大幅减少。然而贾娜担心拒绝加薪会进一步加深公众对贫困妈妈的刻板印象:"让别人觉得你很想依赖福利。"

2016年,美国亚特兰大市。

达娜:是的,就像是悬崖效应一样。比如住房补贴,如果我每月可以付得起598美元,那么我就不再符合申请这个单位的资格。如果我每月挣599美元,他们就会取消我的房租券。现在我什么都拿不到了。难道我能支付599美元,就意味着可以租得起每月1500美元的公寓吗?我刚刚申请到了低收入托儿服务,但是他们把我的食品券从每月397美元减少到每月22美元。这又是另外一件事情……因为我是按季节工作,所以工作时间非常不稳定。我的工作在春季更多,但他们会根据上个月的收入来判断你是否符合条件。

珍妮:我简直不敢相信他们只给你22美元的食品券。我当时拿到了36美元的食品券,又设法还了回去。我说:"还是把它给别人吧。"我们都在说自己生活有多么多么困难,预算削减之类的，就给别人呗。"不行，我们不能这么做。"就只有36美元而已，我能怎么办？

达娜：他们在算我收入的时候多算了1000美元，说我实际每个月应该多挣了一千块，我当时就反映说："错了，这是我给你们的文件，是我提供的数据。"我说有问题，他们回答说："那你得和人说明一下。"你可以排队等三个小时，我可等不了三个小时去解决问题。现在，他们要我每个月重新认证一次（这是一种针对家长的过度监管），然后会根据我上个月提交的资料来计算具体给我多少援助，在这件事上我完全孤立无援，所有人都是。

许多福利政策分析人士的观点与这些母亲一致。马萨诸塞大学的社会福利研究专家兰迪·阿尔贝尔达和苏珊·克兰德尔指出，工资的微薄增长远远无法弥补失去食品券、儿童看护和其他福利（旨在帮助生活在贫困线或接近贫困线的人们）所带来的损失。[68] 微小的收益可能会让一个家庭的经济情况逐渐稳定下来，但也会成为断送上述一切的理由。渐进式微薄增长是低工资工作所能提供给员工的全部收益，但父母已经意识到，这类收益最终可能会破坏家庭的稳定和安全。因此，我们听到许多母亲会努力工作，拒绝加薪、增加工作时间、接受更好的岗位。像詹娜这样的妈妈告诉我们她拒绝加薪的经历，因为她明白每周增加50美元可能会让她失去三倍的福利。她也明白，其他人可能会误解她拒绝加薪的原因，因为从表面看她好像在说："'不，我不要加薪'。实际上，谁又会这么说呢？"

扭曲的体系逐渐形成

受访的所有母亲都十分厌恶与公共援助机构交涉或前往办事处办理事务,但她们表示自己别无选择。在参与社区讨论的所有职场母亲中,根据收入贫困标准,有四分之三的人都有资格获得某种形式的援助。她们认为这是一个错综复杂、阻碍重重的官僚机构,母亲们认为其目的就是拒绝提供一切援助。亚特兰大一位非裔美国妈妈表示:"整个体系设计的目的就是让我们失败。"一位年长的白人妇女点头表示赞同,她负责照看孙辈。"公共援助惩罚想要通过工作、进修或培训来改善生活条件的人。"由于福利改革的实施,领取公共援助的母亲想要上大学变得难上加难。尽管各州计划不尽相同,但在福利改革的大背景下,学习时间不再被认定为"工作"时间,从而限制了福利受助者在教育上的投入。此外,改革还规定了可接受的培训种类和教育类型。因此,研究报告显示,福利受助者上大学的可能性减少了20%到80%不等。[69]因此,母亲们普遍认为公共援助系统的真正目的并非帮助她们提高生活水平,而是在于控制和阻挠。这一观点似乎并不意外。

此类贫困计划在美国形成和发展的历史可谓源远流长。此前,福利在很大程度上被用来代替白人男性工资,主要针对丈夫或父亲死亡、离开家庭或失业等情况,最初只适用于丈夫离世的单亲母亲,后来涵盖范围逐渐扩大到离婚、"被抛弃"且携带子女的母亲。家中缺少"男性"成了扶持白人贫困家庭的正当理由。然而,随着20世纪后期民权运动的开展,几乎只有白人受益的社会保障体系受到冲击,黑人和棕色人种家庭逐渐获得福利援助的资格。

长期以来，这些家庭一直面临着较平均水平更高的贫困率。然而，随着他们在福利计划中获得更多的资格和援助，全国范围内的种族主义也随之浮现。

同一时期，中产阶级和富裕阶层的母亲们越来越多地进入劳动力市场，她们往往雇佣贫困妇女来代替自己在家中承担家务。双职工家庭逐渐成为新的常态。虽然这一现象主要集中在职业阶层和富裕阶层，但已然成为家庭生活的主流版本。这一模式与贫困家庭有着鲜明的对比，贫困家庭需要获得社会援助以便母亲们能够照顾孩子。在几十年间，越来越多的母亲开始独自抚养孩子，这种现象在不同人种（包括白种人、黑种人和棕色人种）的女性中都普遍存在。白人保守型男性表示，单身妈妈标志着核心家庭模式正逐步瓦解。由单身母亲主导的家庭贫困率较高，其中相当一部分是黑色和棕色人种家庭，也有数百万的白人家庭。到1994年，核心福利计划"抚养未成年子女家庭援助计划"的受益人数达到顶峰，超过500万的受助家庭，受助者共计1420万，其中三分之二是儿童。单亲妈妈相关福利的急剧增加，说明"福利妈妈"已然成为主要的社会问题。两党给出的主要解释是贫困妇女一直在不负责任地生育孩子。问题并不在于她们所能得到的工作报酬微薄，也不在于美国在为低收入家庭提供托儿服务等方面相对落后于其他发达国家，问题完全出在女性自身。

"福利妈妈"成为全国范围内备受关注和批评的焦点，无论是民主党还是共和党都加入了对这一群体的批评。当时的言辞含沙射影，暗讽领取公共援助的母亲们企图"依赖"公共福利，甚至被认为"对福利上瘾"，唯一的解决办法就是切断政府对她们的援助。20世纪80年代末，时任美国总统的罗纳德·里根推广了"福利皇后"一词,激发了公众的反福利情绪。他明确表示,针对贫困家庭的公共援助,最主要的是"我们应该通过退出的人数来衡量福利计划是否成功……",并未提及这些人是否真正摆脱了贫困。在福利改革实施后的几年内,接受公共援助的儿童和母亲人数下降了60%。1979年,超过80%的贫困家庭受到"抚养未成年子女家庭援助计划"的资助,而在福利改革后的十年内,这一比例下降到了27%,数以百万计的母亲被迫进入国内工资水平最低且最不稳定的劳动力市场。[70]

福利改革的确减少了福利受助家庭的数量,然而研究人员发现,深度贫困的情况不降反增。更重要的是,全国的贫困家庭仍然持续呼吁她们需要帮助,但现如今得到援助的可能性已大大降低。[71] 多年之后,越来越多的家庭反映,尽管现在每月的收入高于之前获得的公共援助,但更多的花销也在等着她们。

布鲁金斯学会的报告显示,支撑贫困母亲的并不是工作,也不是社会福利项目,而是家人。即使这些家人很可能同样处于低收入阶层,但家人给予的帮助要超过工资和公共援助提供的支持。[72] 我们在调研中确实也发现了这一点。我们了解到,许多贫困的工薪家庭成员试图帮助自己贫困的姐妹、女儿或姨妈抚养孩子。福利改革导致的经济差距往往由贫困家庭自己承担,这些家庭在生计的迷途中苦苦挣扎。

鉴于母亲们的收入十分有限,而且其家人也不可避免地属于低收入群体,即使在就业的情况下,她们仍需公共援助。这种情况符合我们多年来遇到的大多数父母。我们收集了130个家庭的具体经济信息,年收入范围从1万美元到4.4万美元不等,超过一半的家庭收入甚至低于2.8万美元。我们在丹佛、亚特兰大和波士顿这三个城市举行了社区交流,通过使用经济政策研究所的家庭预算计算器,将这些地区参与活动妇女的收入与美国对全国家庭基本生活需求的估算数据进行了比较。该计算器考虑了住房成本、食品、托儿服务、医疗保险、交通,以及其他生活必需品的花费,如手机费、取暖费、电费、儿童服装、儿童安全座椅、卫生棉条和尿布等。正如我们在第二章中提到,对于住在丹佛的莉诺和她的两个孩子,满足基本需求所需的收入高达89533美元。即使在生活成本较低的亚特兰大,同样的家庭仍需要约6.8万美元。而在波士顿,居民生活成本和开支水平更高,支付上述基本开销需要10.3万美元。将这些城市的生活成本与父母的收入对比后,我们发现,相较于专家计算出的满足基本家庭需求的预算,母亲们的收入只能达到这一数字的三分之一到一半左右。

莉诺在逃离家庭暴力之后前往丹佛与姐姐一同生活。靠着两份兼职工作,莉诺每周可以挣大约450美元。为补贴食品上的开支,她申请了食品券,无时无刻不小心谨慎,确保自己不会因为收入波动而影响补贴资格。工作之余,莉诺常去当地的教堂和慈善组织寻求衣物,并去食品救济中心延长食品券的使用期限。然而,当前最紧迫的需求是找到属于自己的住所。两个家庭的人数较多,居住环境过于拥挤,而且她已经寄宿了太长时间,让姐姐一家颇感为难。更严重的是,莉诺还担心自己会影响姐姐的低收入房屋资格,她说道:"这里本来不应该有三个孩子,我知道我们该找个自己的地方,但我怎么存钱呢?现在连账单都付不起。"

莉诺姐姐所住的公寓是通过租金补贴得来的,这意味着她们往往需要遵守一些规定和要求。低收入家庭如果获得租金补贴等公共援助,通常必须遵守严格的规章制度,其一就是不允许包括需要帮助的亲属在内的其他人与接受补贴者住在一起。尽管如此，研究人员发现，对于莉诺的家庭来说，姐姐的支持比工作或公共援助更加重要，因为她一直在冒着风险帮助莉诺一家。两姐妹选择了低调处理，莉诺会告诉孩子们要保持安静，这样邻居就不会发现，或者至少不会被她们合住的情况打扰到。这意味着孩子们放学后，也就是孩子们最有活力、最想玩闹的时候，给孩子们安排更多活动，让他们远离公寓，避免影响邻居。在周末和两份工作的休息间隙，莉诺会尽量让孩子们玩得精疲力尽，然后让他们坐在屏幕前，这样自己才能离开，去做晚上的第二份工作。那时的她又该有多劳累呢？"我一直都处于身心俱疲的状态。"莉诺说道。

2016年，美国丹佛市。

布里安娜：操作这些制度流程真的很费劲，感觉他们就是故意这么设计，让你不敢申请那些（公共援助）项目。

黛比：但是如果能坚持下去，克服一切问题的话……

艾米：是的，就像是找了一份兼职工作。

黛比：有时候他们对你的态度很差，但这种东西确实很有用。没有食品券，就无法养活孩子；没有医疗救助，就无法获得医疗保健。

克里斯蒂：我的问题是，想让女儿进入一个学前班，必须填写托儿服务文件。但这样做，就得让孩子父亲付抚养费。要么他付抚养费，要么我每个月多付两百美元。但他在蹲监狱，又没有工作，根本不会掏这个钱。我不让他掏，就得自己掏。但如果我一直在照顾孩子，那为什么又要由我去承担这个费用呢？他们就是想看你在他们面前哭哭啼啼，看你崩溃的样子,让你出示之前遭受家庭暴力的警方证明。

艾米:你正在遭受二次创伤。

克里斯蒂:我很害怕,不能联系他们。(担心如果提供太多信息,曾经家暴过她的前夫会找上门来。)

艾米:真的太难受了。我之前做了一个月最低工资的兼职,然后他们就减少了我的食品券,还取消了临时援助,所以现在我必须出示自己付了多少租金,因为房租涨了。他们说我挣了那么多钱,但其实只是挣了一个月的钱。

我们到访的所有地方,母亲们都表示寻求政府援助就像是打另一份工,让已经压力满满的工作和生活雪上加霜。确定会面日期时,大多数州政府没有充分考虑到母亲们极不稳定的日程安排。她们一方面需要工作,一方面还要兼顾照顾家庭的重任。一位妈妈回忆起了此前申请现金援助的经历,那时的她需要同时参加一门强制入门课程和另一门为保有托儿券而上的必修课,上课地点在同城不同位置,但时间却正好冲突。公共援助计划的工作人员没有义务相互打招呼,所以需要妈妈们自己协调处理。这些母亲们说,只要"他们"告诉你什么时候出现,你就得出现,无论规定什么要求,都必须执行。只能这么做,否则"就会失去一切"。

母亲们解释说,不能指望社会工作者或州政府官员抱有怜悯之心,因为主动权掌握在这些人手里。在评估社会福利计划的政策研究中,人们往往忽视了此种难以预测的高压体系会对家庭产生怎样的影响。计划的成功通过结案数量来衡量,不管案件结局及家庭情况如何。母亲说,她们从未被问到家庭状况如何,孩子在学校表现如何。相反,无休止的盘问是为了审核她们的资格是否存在漏洞，她们是否收过现金礼物，是否有非正式收入，或是否对微薄的家庭预算做出过调整，借此减少她们获得的援助或干脆将其完全切断。

回顾申请和获得政府援助的经历时，大多数母亲认为这一过程漫长而混乱，其目的就是"让你放弃"。首先会进行线上和线下面试来确定是否符合收入资格。如果母亲认证成功，接下来要做的就是等待，有时要等待长达数周。在等待过程中，母亲还要努力维持生计，保障家庭的稳定和完整。接下来双方将展开沟通，确定"允许援助"的程度。有时补助额度甚至微不足道。我们听闻许多低工资的妈妈们付出了最大努力，但最后换来的也只是十分微薄的补贴。来自佐治亚州的达娜在最低工资的零售行业工作，刚过了半个月就吃光了该月的所有屯粮。达娜走了许多程序申请食品援助，结果只拿到了每月20美元的福利，她意识到"这根本不值得努力"。

一旦获得了一定的食品援助、托儿服务时间或其他形式援助，各种要求就接踵而至。为保持资格，母亲们必须参加各种会议，而这些会议通常在她们工作时间举行，有时会在未提前通知的情况下要求携带新的文件资料，如果没有带到会场，福利就可能因此终止。一些成功获得福利援助的大学生告诉我们，他们需要不断提供教授签名和实验室学习时长的证明文件，这样做既麻烦又耗时，更不用说"让人感到遭受了羞辱"。通常情况下，办理业务的官员不会是同一位政府官员，所以必须一次又一次地自我介绍，阐述工作要求，报告租金变化，更新时常变动的收入情况，报告孩子们的需求，解释自己为什么应获得援助。

四十多岁的白人母亲珍妮说："这是一个扭曲的循环。"另一位母亲表示赞同，同时还补充道："这个体系缺乏连贯性，伤害到了每一个人。你明明做对了，却什么也得不到。"问题在于政府并不关心她们实际可以拿到多少钱，这一数字可能每周都会有很大变化，也不考虑是否存在学生贷款或其他账单。"我敢肯定，如果他们这样做，会发现我兜里一毛钱也没有。"这位母亲继续说道，桌子旁的其他几位母亲赞同地点了点头。珍妮表示："有时候我也能挣更多的钱，但必须限制工作时长，因为如果多工作一点，就会失去所有福利。"社区对话时我们发现，相关内部人员似乎有意传递了不准确或具有欺骗性的信息。可能某一天你去州政府办公室，却被告知需要提供额外文件，然而当你准备好资料回来，其他工作人员又会对你刚刚辛苦请假办理的文件置之不理。在绕了一大圈子终于解决后，母亲们可能又会被告知某些文件遗失，需要重新提交。无论什么时候出现错误，结果都是让低收入家庭去背负时间和资源上的损失。

即使电子数据管理正逐步普及，多次审核、突然出现新要求、信息错误和文件遗失等现象仍普遍存在。但在这些经历中，最令母亲们气愤的是，无论问题何时出现，解决问题的责任总是落在她们身上。她们必须克服所有困难，等改日来到办公室，再次提交文件，或是对账单和工资进行重新验证。即使问题并不出在她们身上，她们也要找到解决一切的办法，因为这关系到她们家庭的安危。母亲们认为，"政府"的这一态度说明，政府并不在意她们的生存。来自波士顿的黑人祖母科莱特质问道："你觉得他们会这样对待某个欠税的白人男子吗？我曾经给一个白人打工，他已经连续三年没有交税了，所以需要想出一个解决对策。于是他们就和他制订了一个可以让他还钱的计划。"这位祖母还说，她的前老板是个骗子，臭名昭著，故意做违法勾当。但低工资母亲只是因为贫穷需要获得社会援助，就要经常被当成犯人一样询问。

埃茜是一位来自波士顿的单身母亲，她向我们讲述了政府曾由于系统计算错误，为她发放了价值1312美元的食品券退款，但也正因如此，政府要求她返还1000美元的贫困家庭临时补助。"这是他们的错误，"她说，"罚款着实有点讽刺。他们试图对一个显然一开始就身无分文的人罚款，试问居心何在？你填写了每一份文件，完成了每一份表格，克服了每一个阻碍，然后到头来却变成你的错？"针对这一事件，科莱特建议家长们始终在"包里保留一份原始文件，并随时携带（到政府办公室），不要交给他们"。如果政府官员想要特定文件，科莱特表示，那就"告诉她当场复印，如果做不到"，也不要放下文件就走，以防文件丢失。科莱特告诫其他母亲："必须重新夺回一些主动权。"她进而批评了莉萨和其研究团队此前在采访这一群体关于获得"公共援助"经验时使用的措辞。她说："这不是援助（assistance）。我不这么称呼，我叫它公共控制（public control）。"

我们不断捕捉到人们怀疑的声音，即政府频繁提出各种变化多端的要求是有意为之，这一行为旨在促使申请人犯错，或者阻止申请人获得援助，从而"让我们筋疲力尽"。母亲们这样说道。一位母亲晚上兼职当保安，白天做家庭护工，但收入仍然微薄，她本来有资格获得马萨诸塞州的多种公共援助，但政府的操作让她无法满足监管要求。这位母亲告诉我们："必须自己想办法，采取额外的手段和策略来应对困境，获得谋生渠道，因为他们这样做，我们是不可能符合要求的。"然而，母亲们心里明白，这种私下赚钱的行为会让她们面临风险，一旦被抓住，还会加深公众的偏见，认为这些母亲为领取福利而作弊。另一位母亲也强调了这一点，她说："他们让你不得不撒谎。"

根除福利骗子

现如今的公共援助计划依旧痴迷于寻找"骗取福利"的贫困家长。当然，其他形式的福利欺诈耗费着更多纳税人资金，比如支付给国防承包商的高额费用和涉及医疗保险欺诈的数十亿美元。截至2020财年，医疗保险不当支付占比6.27%，涉及金额高达257.4亿美元。[73] 然而，这些欺诈行为的幕后主谋通常是富有的国防承包商或医疗服务提供商，并非贫困家庭。一项关于食品券使用的"错误和不当行为"分析指出，罪魁祸首包括滥用食品券销售的零售商、办事不当的政府机构，以及误用食品券的低收入受助者。然而令人发指的是，尽管贫困家庭所拿到的福利只占据总金额极小的一部分，他们仍旧被视作食品券欺诈的头号代表。贫困母亲误用食品券的行为在公众眼中是对食品券进行"买卖"，不禁让人联想到极端的犯罪行为。但正如母亲们向我们解释的那样，有一些必需品无法用食品券购买。例如，2019年对低收入妇女的一项调查发现，"近三分之二的福利母亲在过去一年中无法负担包括卫生巾、护垫在内的女性卫生用品"。[74] 因此，一些妇女通过"买卖"食品券以换取卫生巾、尿布和牙膏。否则，她们只能在生理期或为婴儿换尿布时使用"厕纸、纸巾和报纸"。

社会福利计划被贫困人口滥用的报道经常成为媒体头条新闻。例如，《福克斯新闻》曾制作了一部名为《食品券狂欢》的纪录片，收集整理一些耸人听闻的故事，并声称一些人其实并不需要食品援助,却"从政府手中索取价值数百万美元"的免费食品。食品券欺诈是新闻媒体上热度最高的话题,我们还听说了住房调查情况。在几个案例中,州监管机构化身成为调查员,试图抓住受福利人群作弊的行为。马萨诸塞州的家长们描述了他们在申请援助时曾经受到"调查"的经历,特别是申请住房援助时的经历。有这样一个案例,格伦多拉被驱逐,她的弟弟同意她们一家申请到庇护之前与他们合住。格伦多拉讲述了自己的经历。之后的某一天,有人来到弟弟家门口,并"敲开了家门"视察他的住房情况。原来,政府是在调查格伦多拉是真需要庇护,还是试图欺诈福利系统。弟弟只是短期内允许格伦多拉和两个孩子使用家里的沙发和地板,但现在弟弟被迫让调查人员进来,向他们展示拥挤的住房状况、有几个孩子,以及居住空间有多大。弟弟解释说,尽管目前过于拥挤,但还是希望外甥们不要去寄养家庭,也希望姐姐不会沦落到无家可归的地步。格伦多拉对这次住房危机事件感到羞愧,政府迫使她的弟弟站出来"自证清白",仿佛弟弟是在协助自己实施诈骗。格伦多拉问其他母亲们:"如果发生这种情况,你们还会帮助家人吗?"

安妮特是来自佐治亚州的一位祖母,她向我们讲述了类似的经历。为了不让孙女继续生活在"施虐的家庭环境"中,安妮特决定收留这个十几岁的女孩,为她营造一个与之前混乱无章相反、稳定而有秩序的生活环境。安妮特帮助孙女找到了一份兼职,同时鼓励她保持良好的课业成绩。但她们意识到,孙女的收入加上祖母的兼职收入和曾祖父的残疾养老金,家庭总收入就会超过规定的收入限制,这样会失去更多食品和住房援助。安妮特不得不让孙女辞去工作。"这样做又说明了什么?"安妮特对身边的其他人问道。与此类似，波士顿的阿莱特也非正式地收养了两个孙辈孩子多年，但仍担心要办理正式监护的法律程序。社区中心的家庭服务专员曾指出，安妮特可以通过国家补贴或资助减轻抚养孩子的经济负担，但安妮特深知，一旦收入金额发生任何变动，就可能引发后续一系列的损失。最重要的是，安妮特害怕失去住房，对于低收入家庭来说，失去现有住所是最可怕的噩梦。

新一轮反福利浪潮

虽然在疫情初期，新冠病毒对人类"一视同仁"，但随着时间的推移，人们很快发现种族和阶级是重要的决定因素：不仅决定了谁会受到感染，还决定了谁能获得救治、接种疫苗、得到康复帮助。许多媒体报道指出，疫情暴露了美国社会长期存在的不平等问题。我们在与工薪家庭的家长交谈时，许多黑人和棕色人种受访者表示，这种不平等的"暴露"问题在预料之中。"我本来可以在那个时候就告诉他们疫情对哪个群体影响最大。"一位负责低收入服务工人的劳工组织者说道。然而，这种长期不平等的暴露不仅表现在谁感染了病毒和谁得到了防护物资，还表现在谁获得了救助基金和"工资保障"。虽然一些"必要"的工作岗位要求母亲继续上班，但由于托儿服务缺失，许多人不得不削减工作时长或干脆辞职。在餐饮、食品和零售等行业就职的父母遭遇了大规模失业，而且许多人并没有从任何工资保障计划中真正受益。我们遇到的母亲中，只有两个人可以选择是否能够远程工作。对于大多数人来说，她们均需要亲自在场，提供服务、清洁、援助和看护等工作。

沙拉娅表示，疫情暴发之前如果有人"问一问"，她和姐姐及数百万的其他家长就能指出妨碍低收入家庭从危机和困难中恢复的各种阻碍。她们透露了低收入母亲们长期采取的生存策略。例如，一些低收入母亲可能不得不用食品券换取卫生棉条，因为负担不起购买这些生活必需品的花销；还有一些家庭可能违反住房规定，为家庭成员提供避难场所，帮助躲避家庭暴力；另外，母亲们可能因为托儿安排出现问题而不得不将孩子藏在工作场所，一些低收入家庭可能会选择从事非正式工作来弥补低薪工作所带来的经济拮据。这些策略在全国性危机爆发的时刻都有可能成为对付你的手段。来自康涅狄格州的丹妮尔是绍普莱特超市的一名收银员，其未婚夫在疫情封锁时期因为需要全天照顾孩子而放弃了工作，但他们害怕申请失业救济。尽管需要额外的收入，但担心如果获得了一些补助，之后"一旦规定改变，会在我们掏不出这笔钱的时候又把补助要回去"。低收入家庭，尤其是黑人、原住民、其他有色人种和移民家庭，常常在接受援助后因为不知何种违规行为而受到惩罚，之后被迫自行承担后果。

对于一些家庭，尤其是那些不符合贷款资格的家庭，政府"救助计划"的直接拨款成了他们维持生计的救命稻草。2020至2021年，我们听到许多人反映，来自联邦政府的月度资金让她们能够支付账单、保留住房，这样，在学校线下停课和日托机构关闭的时候，她们就可以照顾被迫居家的子女。直接获得现金或延期租金付款可以保障低收入家庭在疫情封控期间能够照顾孩子。对一部分群体而言，这些补助是维持家庭稳定的重要支持。此外，额外的就业援助对于独自在家抚养孩子的单身妈妈尤其重要，但对于亲企业、反福利的利益集团来说，则是一个祸患。

本书创作之时，新冠感染率已经下降，企业正在恢复运营，对廉价劳动力的需求回升，低薪劳动力市场也变得十分紧张。许多情况下，企业无法重新雇佣足够多的廉价劳动力以维持运营。共和党议员在面对竞争激烈的劳动力市场时，并未采取措施提高工资待遇和福利水平，吸引更多员工入职，而是试图终止帮助低收入家庭维持生计的救助资金。休斯敦大学的卡茨教授对媒体关于企业招聘难的报道提出了疑问："我想知道这些媒体和右翼人士是以怎样的口吻报道企业在每小时7.25美元的工资条件下招不到工人的。要我说，这些工作很糟糕，缺乏对人的尊重，工作时间也不合理，还非常辛苦，所以人们才宁愿失业在家。我们把问题扣在了工人的头上，难道我们不应该从社会的角度来看待这个问题吗？想一想，'我们为什么可以容忍雇主用这种方式剥削低薪工人'，如果一个人失业在家，那他正好可以利用这段时间养一养在低薪岗位上操劳多年的身体，可以有时间陪陪孩子，还能避免自己被外界感染，为什么不能这样做呢？"

为了让更多人同意终止对母亲和孩子的疫情福利，一些立法人员采取了反福利手法。佛罗里达州的国会议员格雷格·斯图布老调重弹："民主党要让我们的国家变成一个提供更多政府救济的福利国家。"美国前独立企业联合会执行主任约翰·卡巴特克利用公众对福利妈妈的刻板印象支持削减家庭福利："总有一天，出去上班可以比一直躺在沙发上刷《吉利根岛》重播给你带来更多收入。"截至2021年6月，共有25个州拒绝提供价值300美元的额外失业救济金，一些州也停止了与疫情相关的其他失业救济计划。这些行为背后的意图就在于，让这些群体不得不接受劳动力市场最底层的低薪工作而无法继续留在家中或寻求更好的工作机会。

呼吁终止失业救济的人同时也在努力阻止政府提议的儿童保育措施投资。田纳西州参议员玛莎·布莱克本在接受福克斯商业新闻网络采访时表示，新的儿童保育提案"会让更多女性依赖联邦政府来生活"，正好印证了公众对领取救济的福利妈妈所持有的贬低性刻板印象。

对于寻求国家援助的低收入家庭来说，唯一稳定的因素就是不稳定性。一个由民主党总统领导的政府或许会放宽资格规定，增加福利金额，或许会像拜登政府正在努力的那样，疫情后为食品、儿童保育和租金补贴大幅增加投入的资金。但是，如果一个新的共和党政府上台，这些稳定的收益就有可能在几个月的时间内消失得无影无踪。参见克林顿政府曾推出的福利改革，可以得知民主党并不总是增加对贫困人群的社会计划。低收入社区经历着一轮又一轮的损失，也面临着一次又一次新的限制，其中，那些低收入家庭比例更高的黑人、原住民和其他有色人种社区尤其会受到更严重的冲击。在工薪家庭的餐桌上，母亲们必须不断调整食物的种类，她们已经在努力维持微薄的工资和同样微薄的公共援助，但仍然无法达到收支平衡。"我两岁的女儿试图和我分享她的食物，"一位名叫帕特里斯的妈妈回忆道，"两岁的女儿走到我面前说'没事，没事'。我难过的时候，她只会对我说这几句话。这句话不应该由她来说，没人知道关上门我们就会面临一地鸡毛。"

第七章　我们被困在原地

"我目睹了妈妈和外婆努力让生活变得越来越好。妈妈十五岁就生下了我,她和外婆一起抚养我长大,参加一个又一个的教育项目。外婆五十多岁的时候重返大学校园,所以我始终铭记不能停止接受教育。"

2016年,二十七岁的琳达在学校旁的咖啡馆与莉萨见面。当时,琳达正在城里的一所大学攻读本科学位。琳达是一名非裔美国人,有两个年幼的儿子,分别是五岁和三岁。她谈到自己当时正在攻读"医学或药理学预科"学位课程。她还表示,自己需要在照顾儿子的同时兼顾课程和兼职工作,这样的生活让人不堪重负。"必须合理分配投入学习、工作和孩子上的时间,不能考虑其他事情。"琳达表示,托儿中心的工作人员非常乐意提供帮助,他们熟悉政府的托儿援助计划规定,理解母亲们所面临的艰难处境:这些母亲需要在满足工作时长要求的同时保证收入不能太高,不然就会因为赚得多而失去援助资格。这些工作人员还知道维持托儿援助资格对学业水平和学分课时提出了要求,他们帮助琳达尽量凑够所需的课程和工作时间,同时只要有可能,在琳达回家照顾小孩前会为她争取额外的学习时间。

进入大学之前，已经是单身妈妈的琳达曾被招募参加一些"骗人的证书课程"，先是学习音响设备维护，然后是成为医学助理。这样的经历并不罕见，我们采访的许多妈妈也曾获得过许多"毫无用处的证书"。三十八岁的白人母亲安娜有两个孩子，在她进入大学之前，曾被所在州的一些专业人士鼓励参加了若干培训项目，这些专业人士指导人们实现自给自足，然而这些项目不仅让她丢了工作，前途一片渺茫，还让她负债累累。

"没有人关心你。这纯粹是个骗局，他们拿走你的钱，让你参加这些毫无意义的课程，最后得到一张废纸。"在琳达看来，整个行业靠绝望的人们生存下去。尽管她的母亲和祖母仍旧鼓励她继续接受教育，但她们也不知道该怎样让琳达避免那些以牟利为目的的掠夺性教育和培训。对于不熟悉高等教育、技工教育或技术培训计划的人来说，选择正确的教育路径，帮助他们获得家庭经济支持，都是一种挑战。事实上，美国教育部长贝齐·德沃斯2017年至2021年期间就曾竭力让弱势群体成为掠夺性机构的牺牲品。正如美国国家教育协会的马克·伊根所说，贝齐帮助"这些掠夺性机构"剥削退伍军人、年长学生、有色人种学生、残疾学生，以及家中第一位大学生等弱势群体。在琳达看来，如果富裕家庭的孩子也参加了这些虚假计划，这些机构早就会受到起诉，最终倒闭。然而，只要它们继续剥削贫困和工薪阶层的人，就不会在社会范围内掀起任何水花，政府也不会出台任何保护措施。

等到琳达第二次和莉萨见面时，她带上了两个儿子。那是个炎热的日子，她们漫步至城市河滨，让孩子们在喷泉里玩耍，水柱从不同的角度喷涌而出。马库斯牵着弟弟的小手蹲在地上，期待着水流的一次次冲击，每当水柱喷射出来，兄弟二人都会兴奋地叫出声来,他们的母亲则在一旁微笑着看着他们。

这一天,琳达向莉萨深入讲述了自己的经历。"我在妈妈嫁给继父后就离家出走了,我和他之间有些矛盾。"琳达高中时曾是班上的优等生,后来辍学搬了出去,最终流落街头,之后便怀孕了。她的另一半饱受酗酒问题困扰,选择离开她们母子。当时,琳达的母亲(与继父分居)和祖母接纳了琳达和孩子。两年后,当她开始与杰罗德(小儿子的父亲)约会时,母亲和祖母也接纳了他,认为他是一个好人。尽管琳达现在的伴侣是一名有工作的木匠,也是一个爱孩子的好爸爸,能够分担家里的账单,但琳达仍然不愿意结婚。"他是一个好爸爸。我非常信任他,但我告诉他我们必须再等一段时间,至少我想先完成学业。"

琳达表示,杰罗德出生后自己失去了很多时间。"生完二儿子后我患上了产后焦虑,需要别人的帮助来度过那段时间。未来我也想从事这一方向的职业,帮助更多像我一样的人。"那天阳光明媚,她的两个儿子跑过来朝她身上喷水,琳达告诉莉萨,她决定考取护士执业医师学位,专门帮助新手妈妈。

莉萨:你是怎么平衡照顾孩子、学业和其他事情的?

琳达:我每天都要想这个问题。如果时间不早,我上完课、上班,回到家把孩子们哄睡,就不想写作业了,只想睡觉。但是一想到孩子们就能打起精神,他们是我坚持下去的动力,他们以后也要上大学。

莉萨:你确定他们要上大学吗?

琳达:(笑了笑)亲爱的,他们没别的选择,他们现在就已经知道了。

莉萨：你和其他妈妈们想要改变命运，该怎么办呢？

琳达：别人真的希望我们成功吗？我们有孩子，需要托儿所，他们真的明白吗？我们好像必须得工作，然后这些工作又赚不了几个钱，然后才能得到托儿机会，才能上课。为什么呢？他们中哪怕有一个人（政客、教授和制定政策的那人）会想让自己的孩子这样吗？我们需要真正为孩子考虑的财政援助，他们必须停止歧视已为人父母的大学生。

谁能获得成功？

社会流动在美国是一种神圣的理念，代表着美国的经济福利和性格根源中的个人主义。这种说法备受推崇，但其反映的却是一个将我们遇到的这群女性永远排除在外并对其故意曲解的国家。根深蒂固的种族主义、对贫困人群及其子女的蔑视和普遍的厌女心理影响着社会的主流意见，贫困母亲被长期以来刻画成了依赖政府和道德败坏的形象。我们听到数百名低薪女性描述她们的生活，在这些共同的陈述中，她们对这种刻板印象进行了驳斥。母亲们指出，从少女到祖母，她们在每个人生阶段所面临的阻碍都反映了国家对贫困母亲的贬低和侮辱。她们还揭露了一段缺失的历史，工薪贫困的母亲通常是单身妈妈，其中许多是有色人种，这些女性一直在反驳外界对于她们的刻板印象，并抵制公众对她们坚持不懈、努力维持生活的恶意解读。

正如前几章反映的那样，我们收集了数百份描述，都是关于艰辛少女时代、低薪工作岗位、国家援助缺失和长期家庭照料危机的描述。我们还了解到，来自全国各地、各种族、各族裔、背景各异的女性为摆脱低薪贫困陷阱做出了非凡的努力。我们遇到一些女性之所以选择服兵役，忍受艰苦的训练，仅仅是因为部队提供教育和医疗福利。我们听闻一些女性投入大量的时间参加项目并获得证书，而大多数项目耗费掉了她们的时间和金钱，却没有提供能够维持生活的工资。最常听到的两个出路是努力获得大学学历，以及以学徒身份进入一个薪资体面的技工岗位。有一种精神贯穿故事始终，引领着这些母亲的一生，那就是坚持不懈的毅力。尽管面临重重阻碍，身负家庭重任，她们仍奋勇前行。

隐形的大学生母亲

琳达对当权者是否真心帮助工薪贫困妈妈这一问题提出了疑问，而这也呼应了全国对于学生家长的研究。女性政策研究所指出，尽管超过 20% 的大学生已为人父母，而且大学生家长中有超过 70% 是母亲，但仍普遍缺乏对这一群体的研究。[75] 其中，单身母亲占比达到 62%，这部分大学生家长却不是绝大多数高等教育机构优先考虑的对象，相反，资源关注的重点放在了数量逐渐减少、尚未实现经济独立且刚刚高中毕业的女大学生身上。即使有大量证据显示，母亲追求高等教育会鼓励她们的孩子做同样的事情，比如，像琳达所说，她的两个小男孩已经接受他们要上大学这一事实，也没能燃起公众对低收入家长成功攻读大学故事的兴趣，也没有增加对该群体的资金支持。缺乏公众支持对已为人父母的本科生产生了实质性影响：这类学生中只有大约 4% 的人能够在入学六年内获得学位。[76] 而且，身为黑人、拉丁裔、土著和第一代移民的女性在上大学时生育小孩的比例较高,因此有色群体受到的影响甚至更大。由于缺乏对这些家长的支持,这些人的家庭及黑人、原住民、有色人种社区整体上所承受的伤害远超过其他群体。

很多女性在采访中表示,她们希望自己和孩子能够获得令人向往的大学学历。研究表明,对于琳达这样的母亲而言,孩子往往是自己工作和学习努力奋斗的主要动力源泉。[77] 即使在疲惫不堪的深夜,只要一想到自己的孩子,这些妈妈们就获得了源源不断的力量。然而,母亲们也明白,通往高等教育的道路对于富裕家庭的小孩来说要容易得多。许多母亲提出的问题印证了琳达此前的疑问:制定规则的那些人(政客、决策者和学术领导人)经常要求低收入大学生家长满足这样或那样的要求,这些人是否希望自己的子女也同样能做到诸如此类的事情呢?为什么他们对正在养育孩子的工薪阶层学生采用不同的标准?

"他们甚至从不过问……"

太平洋岛民乔斯琳是一位二十三岁的单身妈妈,她目前抚养一个孩子,这个孩子还没上小学。育儿状态在申请大学条件中并未被列入考虑项,乔斯琳为此感到震惊。"你知道吗,他们甚至从不过问你有没有孩子,"乔斯琳说,"他们会问你的种族和性别,还有其他很多事情,但没有地方可以勾选'我正在抚养一个孩子'。"在很多大学,学生运动员可以通过课外体育活动时长而获得免费辅导或提前注册课程的资格。然而,育儿状态却通常不会在记录或考虑范围内,并且学校也不会有任何针对该群体的政策支持或福利优待。阿德里安娜出生在一个墨西哥移民家庭，如今三十二岁的她是家里第一个上大学的人。阿德里安娜描述，当带着孩子参观校园时，她显得"格格不入"。参观的学生可能会有父母或朋友陪同，但带着自己小孩的人却是个例外。回顾过去，她表示："如果没有妈妈和外婆的支持，我是没有办法走到这一步的。他们（指管理人员和教授）没有想过你有孩子。"

和我们采访过的许多母亲一样，乔斯琳告诉我们，她上学时儿子曾感染肺炎，那时的她整日担惊受怕，成绩也因此"退步了整整一个等级"。乔斯琳认为，雇主、学校管理人员和老师似乎并不在意甚至不接受她是一位母亲。"没人理解我们所处的困境。"她说道。来自工作、学校和病重孩子的重重压力几乎让她想要放弃学业。"成绩决定我的奖学金，我必须每周工作二十小时才能得到（政府提供的）儿童保育服务。"

妇女政策研究所的数据显示，每个州都有一套复杂的条例和法律，规定低收入母亲可以选择哪种类型的教育项目，以及为获得包括儿童保育津贴在内的公共福利，她们必须满足哪些工作要求。[78] 尽管研究表明，育有孩子的学生完成学位课程比一般学生需要花费更长的时间，但一些州还是对取得学位的时间设定了限制。[79] 乔斯琳表示，自己遇到困难时始终秉持着一种信念，那就是获得大学学历是自己唯一的出路。"只有这样才能改善生活。"乔斯琳这样说道。但她回忆起班上其他母亲因为不堪重负而选择辍学时，还是不可避免地感到悲伤。超过90%的大学生母亲表示，尽管她们努力学习，仍然无法在六年之内拿到学位。我们采访的大部分母亲也反映了同样的情况。有些妈妈甚至反映，这已经是她们第四次、第五次尝试上大学，有的甚至是第六次。

打破妇女贫困怪圈

2016年,单身母亲阿德里安娜还在上大学。她曾参与所在大学的低收入家长咨询委员会,在那里,阿德里安娜会与其他母亲聚在一起吐露彼此遇到的困难并提出解决策略。听完她们的故事后,阿德里安娜开始批判性地看待对低收入母亲缺乏系统性支持这一现象。在她看来,这恰恰说明了社会认为像她这样的女性根本不应该上大学。研究显示,尽管四年制学制为母亲们提供了最长远的利益和经济保障,但她们经常会被诱导远离这个目标,而被推向参加全职工作或证书课程,我们在全国范围内的采访也印证了这一点。[80] 虽然其中并不是一种必然关系,但总体而言,获得大学学历就意味着终身收入增加,失业率降低,对公共援助需求的减少,尤其可以改变单身母亲家庭的贫困处境。妇女政策研究所的资料显示,获得副学士学位的单身母亲平均年收入比只有高中学历的母亲高出8000美元,终身收入累计达到32.95万美元,而获得学士学位的单身母亲相对于高中学历母亲每年的收入可以多出1.85万美元,终身收入累计达到61.03万美元。

更重要的是,许多受访的母亲表示,收入提高只是学历带来的收益之一。她们中的大多数来自工薪阶层和低收入家庭,也是家里第一位大学生。她们视自己为先驱者,不仅为子女,也为兄弟姐妹、侄子侄女开辟了新的人生道路。这些母亲还指出,成功获得副学士学位通常会让自己有机会追求学士学位,甚至有些人还可以继续攻读硕士学位。学业上的进步将给未来的收入和工作质量带来质的飞跃。但正如米塞里科迪亚大学研究"带子女的女性"项目的主任凯瑟琳·波希达尔所言，对于大多数家中的第一代大学生来说，高等教育的世界就像一个难解的谜题，处处与阶级挂钩。

有关申请大学、财政援助及适应校园文化等方面的信息通常是富裕社会固有的知识，低收入社区中往往缺乏对上述问题的了解。我们遇到的学生家长表示，大学生活的规范和流程对他们来说晦涩难懂，有些甚至让人感到害怕，尤其是很多人身边没有一个大学毕业生。

来自得克萨斯州的年轻母亲洛拉告诉我们，她初到校园时感到手足无措，因为在大学里"需要穿梭在各个教室和不同的教学楼之间，满校园走动"。洛拉曾就读于乡下一所规模不大的高中，距离大学毕业已经过了六年，如今的她正准备攻读老年学专业的硕士。她和其他几位有孩子的大学生母亲告诉我们，学会建立信心，应对各种复杂要求和掌握晦涩的专业术语，需要投入一定的时间。在大学校园里，没有人会愿意花时间解释"办公时间"和"学术要求"这类词语，在他们看来学生就应该理解学校要求。正如洛拉所说："比如，什么是'学分'？什么是我的'专业'。该死，我甚至不知道我专攻什么。"一旦低收入学生掌握了这部分知识，他们很快就可以传递给孩子、弟弟妹妹和其他家人。自己作为姐姐或姨妈克服了求学道路上的重重阻碍，也会让晚辈怀揣希望。一位来自俄勒冈州的二十五岁大学生妈妈说："我顺利读完大学之后，我弟弟和妹妹也去读大学了。"

孩子不算数

我们采访了琳达、阿德里安娜和其他数十位在校的大学生妈妈,她们都反映,主要的几项财政援助计划在其方案中几乎都忽略了养育孩子的费用。美国联邦学生援助免费申请是评估学生财务需求的主要工具,其中许多问题涵盖父母资产、对大学的潜在贡献,以及为减少家庭预算的负债情况。例如,一户人家有多个孩子上大学的情况会被视作家庭预算的重大负担,财政援助也会因此增加。但是,只有一个问题涉及申请学生上大学期间是否承担着抚养孩子的巨大费用,而且该问题近期才加入评估标准。实际上,财政援助官员建议称,大学援助的目的是覆盖包括学费、住房、必要开支、书本和实验在内的高等教育费用,并不包括养育孩子的花销。

"他们难道不明白吗?"阿德里安娜反问道,"对大学生妈妈来说,除了知道孩子得到良好照顾外,大学其他费用都是次要的。"儿童托管服务对大学生母亲来说至关重要。一些母亲在采访中表示,申请"儿童托管奖学金"耗时费力,但没有人真的拿到了这笔钱。尽管全国范围内对校园儿童托管服务需求不断增加,但在过去十年间,校园儿童托管服务数量却显著减少,大部分现有服务的价格也十分高昂。妇女政策研究所的数据显示,校园儿童托管服务只能满足约5%的需求,相对于其他类型的大学,社区大学可以提供更多儿童托管服务。[81]对于提供校内托管服务的学校,平均每所都有82名儿童排队等候。

大多数母亲最常听到的建议是,应该寻求专为低收入家庭设计的儿童托管服务,这些项目由政府资助,但申请的具体要求每个州各不相同,资格申报的要求极高,即使得到资格,后续也很难维持下去。在采访地之一的俄勒冈州,政府实施的儿童托管计划被称为"与就业相关的日托"。项目名称不言而喻,说明该项目并非社会流动计划，也不是对人力资本的投资，其目的更不是打破代际贫困，而是旨在为低收入家长，主要是低收入母亲，提供高度监管的儿童托管津贴，以确保她们在上大学的同时仍继续在低工资的劳动力市场工作。为了符合这一条件，家长必须每周至少工作二十小时，但收入必须低于设定标准，上学时长必须满足半学期，且保持良好的平均绩点，不能中断或退学，并在规定的时间内毕业。在跟踪了许多母亲的故事后，我们不禁怀疑，究竟能有多少家长可以做到在上大学的同时还能满足并维持这些要求。结果发现，2018年获得该项目儿童托管资助的家庭中，大学生家长的家庭占比不足1%。我们联想到了琳达所面临的挑战："他们真的希望我们顺利毕业吗？"

"我得替团队做出牺牲"

2017年，莉萨在儿童发展专业就读的最后一年结识了三十岁的白人女性克里斯蒂娜。克里斯蒂娜带着四岁的女儿莉拉一同前来。她们前往克里斯蒂娜学校宿舍附近的公园，这样莉拉可以在她们交谈的时候自己玩耍。克里斯蒂娜用了一下午时间讲述了自己如何克服大学三年间的种种困难才走到今天这一步。她说这是她的"第三次尝试"。克里斯蒂娜出生于爱达荷州，高中毕业后进入当地的社区大学，但她表示当时"并没有真的做好，没有人能告诉我该做什么"。她还补充道，"印象里自己在高中从未谈论过大学规划，也没有谈论过有了学历后要做哪些事情"。

克里斯蒂娜需要操心的另一件事是自己的家庭。她说："母亲身体不好，而我是家里最大的孩子，一直帮忙照顾弟弟们，实际上是我养大了妹妹。"克里斯蒂娜第二次尝试上大学时，参加了一个管理课程，当时她一边在快餐店工作，一边照顾家里的其他孩子。一年后，她再次退学。"我开始约会，出去闲逛，做了很多蠢事。"回顾过去，克里斯蒂娜认为那时的她需要更多的支持和指导，而不是为其他人的问题负责。她没有详细介绍父母的情况，只是提到父亲之后失业了，母亲"无法承担起妈妈这一角色"。克里斯蒂娜回忆起努力回归校园生活、创造属于自己人生的同时还需要顾及家庭的需求，这让我们想起了阿拉尼娅和贝拉的故事。阿拉尼娅领养了她的兄弟姐妹，贝拉被留在家里照顾兄弟姐妹，而她的父母则在不断寻找能够得到的任何工作机会，养家糊口。

随后，克里斯蒂娜提到了在成长过程中父母说过的一句话：必须"为大家做出牺牲"。这句话意味着当年她必须早点放学回家，放弃课外活动和学校活动。在她一边工作一边上大学时，这句话又意味着她需要根据家人的需求，特别是她年幼妹妹的需求，安排自己的时间。我们也从其他女性那里听说过"为大家做出牺牲"的说法，这样的措辞涵盖了不同情况下女性所做出的牺牲，仔细思考就会发现，这些女性为家庭放弃了太多个人利益。

经过多次努力，克里斯蒂娜二十六岁离开了家人，随后前往俄勒冈州一所大学的儿童发展专业攻读学士学位。她专注于儿童早期创伤和特殊需求，并希望继续攻读研究生。克里斯蒂娜之所以选择这所大学，是因为当时该校为大学生家长提供了若干住房计划，所以实际上克里斯蒂娜"中了大奖！"，因为这意味着可以带着自己六岁的妹妹和当时还是婴儿的莉拉上大学。

莉萨：哦，我都没注意到，之前并不知道你要带两个孩子。

克里斯蒂娜：是的，我申请了两个孩子的住房和托管服务。他们不知道特蕾西是我妹妹，是我把她养大的。所以我也是她妈妈，不可能把她抛下。

备受攻击的支持措施

一些私人计划和州计划希望帮助靠公共援助生活的家长完成大学学业，从而摆脱贫困，当然，目前类似的计划数量有限且较为分散。一些计划的成果显示，上述群体得到支持时可能会迎来更好的发展机遇。非营利组织"耶利米计划"在明尼苏达州、得克萨斯州、北达科他州、马萨诸塞州和纽约州等地均设有校园，为大学生妈妈提供包括住房、辅导、职业指导及儿童早教在内的一系列服务。尽管费用高昂，所服务的女性和儿童数量相对较少，但该计划的实施总体非常成功。耶利米计划的毕业生 2014 到 2019 年期间的平均年收入为 47609 美元。与此相比，国家对两口之家设定的贫困线标准是 17420 美元。

"攻读学位的家长"（Parents as Scholars）项目由州政府资助，旨在帮助领取福利救济金的低收入学生家长顺利攻读为期两年或四年的大学学位。该项目提供全方位支持，包括交通费用、托儿服务、所需书籍，以及其他财政援助资助并未覆盖的物资供应。通常情况下，项目无需支付学费，个别学院还经常为学生申请财政援助提供帮助。然而，学生即使申请失败，也可以从这一项目中获得每学年最多 3500 美元的资助。此外，学生还将获得与家庭临时补助数额相等的现金补助。

"攻读学位的家长"项目分别于1996年和2008年在缅因州和俄勒冈州成立,至今仍在缅因州运作,由政府的贫困家庭临时补助办公室负责管理,为大约700名学生提供支持性服务。尽管共和党议员曾屡次试图削减资金,该项目仍然幸存,《班戈每日新闻》2014年的一篇报道指出,呼吁削减的原因是议员们希望减少"缅因州福利计划的滥用和欺诈行为"。这份报道还引用了前项目学生家长、现任律师海蒂·哈特的证词,她在健康与人类服务委员会前作证,论述了该项目的重要性:"从我有记忆以来,贫困就是一种常见现象,我到现在都记得,还是小孩子的我在家里遇到财务危机时就感到无比羞愧……毕业仅两天后,我就开始全职工作,再也没有享受过福利系统……作为纳税公民,我对这个州的终身贡献远远超过'攻读学位的家长'项目对我的短期投资。正是因为缅因州1996年创建了这个项目,为像我这样的家庭提供了重要支持和帮助,我女儿未来的发展方向才能发生翻天覆地的变化。"大学与经济成功中心(隶属于法律与社会政策中心)曾对2001年一批项目学生进行分析,数据表明,她们的收入远高于未上大学的贫困妈妈群体。

然而,在俄勒冈州,这一项目还是难逃资金削减的命运。实际上,该项目开展三年后就不再接收新的申请。我们对该项目在2017年戛然而止的原因展开了调查。通过系列努力,我们得到了"攻读学位的家长"项目成果报告,这是一份两页的文件,也是项目失败评估的基础。在项目实施期间,仅有不到600个家庭拿到资格,能够上学。虽然报告中没有对这些数字做出解释,但简短的报告记录显示有117名家长被终止资助(报告并未解释终止原因);163名家长为继续符合资格要求决定不再接受公共援助;133名家长在上学时曾中断或退出，因此不再符合申请资格。只有10%（59名）家长顺利从大学毕业。我们很难从这些原始数据中进行推测，但在与政府项目管理者的会谈中，有一种观点认为这些母亲大学读书花费的时间太长，并怀疑她们是在借机获得托儿服务，避免从事低薪工作。换句话说，有人认为这些母亲在玩弄制度。

我们想到了所有母亲都曾向我们讲述自己所遇到的障碍：孩子生病，家庭需求增加，完成课程作业需要额外时间（并且她们在此期间没有任何托儿服务），住房遇到问题，有时也有绝望无助的时刻，为继续获得资助资格而频繁参加评估大会，等等。仅仅过了三年，就认定她们失败，似乎为时过早。索尼娅出生在美国一个非裔家庭，是家里第一个上大学的人，2017年，她就曾描述了她和其他贫困母亲所面对的艰难处境，以及为摆脱贫困性工作所做出的努力。索尼娅没有提及有任何阴谋专门将她们排除在外，但她指出，实际生活中，贫困母亲通常也是单亲妈妈，大多数为有色女性，来自低收入和工薪家庭，她们经常受到评判、管制和拒绝。索尼娅用一句话概括，"也许他们只是想让我们继续待在原地"，这个"原地"并不包括拥有大学学位和一份好的工作。

选择更好职业的另一条路

并非人人都想上大学，然而，这并不代表人们满足于前途渺茫的工作岗位。2019至2020年间，我们采访了建筑行业学徒或预学徒计划中的女性。这些预学徒计划主要为渴望成为建筑行业学徒的女性提供培训。她们将目光投向电工、木匠、管道工、水管工，以及石膏板安装工等职业。一名熟练的木匠或电工年薪约为

5.4万美元，且这一数字也会随时间逐渐增加，轻松超过我们多年来采访的多数母亲的收入。

有着三个孩子的单身妈妈埃拉是我们遇到的进入"技工行业"的女性之一。2021年，埃拉就曾表示："疫情结束后，我就能干这个工作了（指电工），到时候挣的钱会比之前打两份工赚的都多。可以说我已经等不及了，就和福利津贴一样。孩子需要去看牙，我希望能找到一个有福利的工作，我甚至一点儿都不担心，因为，嗯……老实说，我非常紧张，因为我是女性，而且是西语裔。你知道的，肯定会有人不高兴，我真的不在乎，会做完自己的工作。我和孩子们的生活都会发生改变。"

正如同我们在建筑行业学徒项目中遇到的大多数女性，埃拉提到"作为女性"生活在一个主要由白人男性构成的环境中这一问题。她们做决定时似乎都考虑到了可能遇到的刻板印象和骚扰，但为了工作所带来的好处，她们愿意解决这些问题。爱丽丝是一个二十五岁左右的白人母亲，曾在军队服役，她就曾提到过："我之前在军队服役，知道会发生什么，我明白有些时候得假装听不见。"工作中，爱丽丝表示"你会知道哪些人相处起来还可以，哪些人你不愿意和他们单独相处"。对于有色人种女性来说，一些男性口中涉及性别歧视的笑话和"入侵私人空间"的行为可能也夹带着种族主义色彩，且往往被包装成没有恶意的友好玩笑。尼古拉是一位四十多岁的黑人女性，她表示自己对白人男性"玩笑"般的言论感到愤怒，这些言论在尼古拉看来"带有种族主义，但很多人又觉得很有趣"。她还补充道，更常见的是白人和黑人男同事有关性别的言论，内容涉及她的身体、体重和工作时的穿着样貌。但是，女性在工作场所如果表现得过于愤怒反而会带来更多负面影响。如果别人认为自己太过敏感——在该行业的女性看来，这可能会自毁前程。或者正如爱丽丝所说："如果你表现得像个小女孩，就没办法融入整个团队。我之前当过兵，知道这在部队里意味着什么。"建筑行业的女性和大学里的贫困母亲一样，谈到坚持大局目标时，她们都表示：希望工作收入足够维持基本的生活水平。

女性可以采取法律手段投诉某些行为，例如性骚扰、欺凌或种族歧视。正如一位电工兼工会组织者提道："我们不得不继续忍受这些情况，简直太糟糕了……他们（指男性领导）把它当作一个玩笑。"然而，对于这些在职母亲来说，更重要的是拿到普通教育发展证书、完成预学徒和学徒计划的培训，最终获得稳定的收入。通过所有考试和评估仅仅是一个开始。如果通过了上述几道关卡，接下来还得在一个由男性主导的职场中努力成为他们眼中一个优秀可靠的员工、一位受欢迎的成员。而决定一个人是否可靠、是否擅长团队合作、是否优秀等能力的话语权往往掌握在男性手中。

这种性别差异在全国范围内得到了印证。2018年，女性建筑行业工人仅占该行业总人数的3.4%。[82]大多数从事技工行业的受访女性来自俄勒冈州。俄勒冈州女性技工组织一直在带领全州的努力，让更多女性进入薪酬优厚的工会职位，尤其是黑人、土著和有色人种女性，三十年来一直在努力增加女性在技工行业的比例。2021年，俄勒冈州技工行业中女技工占比达到8%，是全国平均水平的两倍有余。即便如此，这一比例依旧微乎其微，而技工行业恰恰有潜力改善贫困家庭的经济条件，尤其是单亲母亲家庭的生活水平。这项工作极具挑战性。受访女性向我们讲述过去遭到忽视和排挤，被异性同事骚扰，有时还会受到虐待，这些经历反映了黑人、土著、有色人种和女性现在依然面临着许多问题。然而，这些母亲的经历可以给我们更多启示。她们表示，母亲这一群体尤其需要默默忍受重重刁难，才能获得稳定的工作。

爱丽丝建议这些行业的女性应该无视那些偏执的评论，甚至无视一些"可怕"的行为，因为这是女性为得到一份能够维持基本生活水平的工资必须付出的代价。三年前，我们在白人母亲布里安娜口中就曾听到过类似的话。布里安娜来自得克萨斯州的一个小村庄，当时正在读大学。布里安娜曾是海军陆战队员，她表示"新兵中女性只占7%，而我就是其中之一"。在我们的谈话中，布里安娜明确表示自己不会详细讲述基础训练期间的经历。"你听到的外界所有关于他们对女性所做之事的传言，都是真的。"进入海军陆战队三年，布里安娜在军队获得了其他职业无法提供的福利，包括大学学费、住房援助、托儿服务、健康保险等。布里安娜说："基础训练期间我认识的所有女性都是出于同样的原因参军，因为那是我们唯一的出路。"

爱丽丝、尼古拉和布里安娜采取了相似的方法来度过那段时期。她们忽视外界尖锐的声音，选择低调处理，只要情况没有太糟糕，就不把性别歧视和种族歧视的言论，以及被霸凌和欺辱的事情弄得太大。我们不禁要问，对于那些把孩子的生存问题置于首位的年轻女性来说，什么才算得上太糟糕？她们为了努力生活，可能经历了一些最糟糕的MeToo（"我也是"，美国反性骚扰运动）时刻，却集体保持沉默。不论是在军队服役，还是上大学，抑或是参加学徒计划的女性，她们提出的共同建议是要牢牢抓住摆脱贫困的目标不放松。这些母亲，尤其是单亲母亲，需要在独自抚养孩子的同时保证"不达目的不罢休"。这是一项十分艰巨的挑战。爱丽丝坦言:"尽量不要告诉别人你是单身母亲。"因为这会使你在争取工作机会的时候处于劣势,会"排在队伍的后面"。

跨越社会阶级

奥罗拉表示,预学徒项目是一个"非常好的计划,因为你知道,大多数女性对建筑并不了解。我是在研究如何以女性身份进入这个行业时偶然发现了这个项目,真的很庆幸与这个项目相遇"。奥罗拉早就意识到自己之前从事的低薪工作永远不会给生活带来改变,只会让她陷入更多类似的困境。低薪工作无法给她带来更好的生活,"这个项目旨在帮助女性进入这个行业,同时也为残疾人、退伍军人和需要额外帮助进入行业的年轻人提供支持"。

奥罗拉讲述了面试的过程,还提到自己十分激动,因为被录取到一个只有两名男性的十六人小组。"这个项目太棒了,我们进行了为期十周的培训,每天都要去培训中心,那边还有实验室。他们教我们一些基本技能,比如如何使用手工工具,如何读尺寸,还教我们很多女性之前从没机会接触到的东西。培训让我逐渐适应了建筑行业,而且和之前的其他工作完全不同,每天都要准时上班,按规定完成任务,然后参加能力测试,通过测试后,就能被录取进入学徒计划(从预学徒项目进入不同行业的学徒计划),然后被公司聘用,录用之后就可以马上开始工作。"

奥罗拉的描述非常积极。她解释说,在这个班里,可以和其他女性一起学习,也可以坦然承认自己并不熟悉操作锤子和电钻等工具,这让她充满信心继续前行。但提到课业与母亲的责任无法避免会发生冲突时,奥罗拉兴奋的语气转为了沮丧,她表示,自己在没有家人帮忙的情况下很难协调工作时间。奥罗拉解释说:"我发现,有些假期中,原本的托儿服务并不开放,这让我很头疼,必须自己想办法解决,甚至不得不向他们说明'好吧,现实情况就是如此'。到了最后,我打电话给他们(指预学徒培训项目的工作人员),眼泪哗哗地往下流。训练中心的人真的太好了。我和那边的人进行了沟通,告诉他们'我再也坚持不下去了,没办法继续上课'。我每天只有一小时能见到孩子,不知道该怎么平衡学习和家庭。我是一个单亲妈妈,所以孩子只能依靠我一个人。"

事情就是这样。奥罗拉退出了项目,搬去另一个州生活,回到"我知道有家人可以帮忙照顾孩子的地方,虽然不想离开,但没有其他人可以照管小孩。所以,考虑到这一点,我做出了对儿子最好的选择……即使对自己来说可能不是最好的选择"。奥罗拉意识到自己必须放弃机会,尽管最终家人能过上好日子,但这几年不能耽误孩子的生活,他们每天的需求和弱小的处境应该放在第一位。然而,公众常常称这些母亲为"辍学者""缺席者",或者用更高级一些的话语来说,她们没有培养出执行能力,缺乏自主权,没有"能动性"。正如一名工会代表所说:"社会容易认为她们没有达到标准,她们失败了,但没有人知道她们每天需要面对什么。"

单身妈妈需要支持

多年来,我们听到无数母亲讲述,她们在业内打拼时,自己母亲或其他家庭成员的帮助起着至关重要的作用。2020年11月,住在华盛顿州,拥有两个孩子的白人单身妈妈帕梅拉认识到家人的帮助是自己进入建筑领域的唯一途径。"我别无选择。作为单身妈妈,得自己独自应对所有事情。如果我的妈妈不能帮忙,我的生活又会和之前一样,继续过领福利的日子。"

帕梅拉尽力在这个由男性主导的领域里给人留下良好的印象,同时她还需照顾两岁和七岁的孩子。"找到早上就开放的托儿服务太难了,但只有找到了我才能准时上班,否则肯定会影响上班表现,而且我的雇主,你也知道,有些雇主理解,但理解多了也就不理解了。因为这对他们来说也不是真的重要。而那些男性,而且基本上都是男性,家里有人负责这些事情。如果你工作的地方旁边有托儿服务或者家人能帮忙也就算了……但没有的话,就没有办法解决上班还要带孩子这个问题。如果工作地点离托儿服务很近,那或许还可以行得通。"

帕梅拉怀第二个孩子时,一次工作中从梯子上摔了下来。她表示,"虽然不是从很高的地方摔下来,但也是桩大事"。此后,帕梅拉感觉自己好像被团队孤立。"我的身体没什么大碍,但他们再也不让我去执行任务了,而是让我认识的那个年轻人顶替我……他没有孩子,也不用担心怀孕的事情。"帕梅拉理解人们对孕妇在工作中受伤及承担相关责任的担忧,但她也认为可以通过其他方式让她在安全的情况下继续有效地工作。对于同事们来说,"这样安排太麻烦,也不值得"。

爱丽丝曾在军队服役,后来加入建筑行业,她也谈到了由男性上司创造的这种职场文化。工会负责人和一些建筑公司领导声称他们"想要多样性……或者说,支持公平",爱丽丝说道。但公平不只是一句空洞的诺言。爱丽丝认为,如果他们真的希望"让女性有所发展",就必须"提供托儿服务或合理安排工作时间,让职场中的女性有时间照顾孩子"。爱丽丝还指出,建筑行业的重要人物和工会有足够的资金和经验来建托儿中心。在工地上建托儿所,并且给托儿所工作人员提供良好的薪资待遇,可以吸引更多女性前来工作。德娅是一位非裔美国人,也是一位工会组织者。她说:"如果我们能有一位黑人女性领导,那么像托儿服务、健康状况和单亲妈妈的需求问题都会得到重视。这就是我们的生活。"但是,德娅接着说:"你懂的,实际情况是,工会和公司的主导权掌握在白人男性手中,还有一些非常富有的白人女性,她们并不愿意放弃手上的权力。"

家人的支持就是前进的动力

帕梅拉面临艰难的选择。她不得不把儿子送走,交给他在另一个城市的祖母照顾。帕梅拉说道:"我知道儿子很安全,但他也想回家。我不是在诉苦,但那些管理层的人需要了解妈妈们每天的挣扎。"帕梅拉接着说:"儿子不在身边,我一直很难过。你知道吗?是真的很难受。我为了坐到现在这个位置已经拼尽全力,但还是没法养活儿子们。"

因此,帕梅拉的母亲暂时伸出援手,每天早上六点到达帕梅拉的住所,这样帕梅拉就能出发上班,并在六点半前赶到工地。母亲会给孩子们准备早餐,然后送他们去学校和托儿所。帕梅拉通常能按时下班接他们回家,但是,不愿加班的人会承担着相应的压力。帕梅拉不想在其他人都留下来干活的时候做那个唯一选择按时下班的人,所以,帕梅拉好几次不得不打电话请母亲帮忙接孩子,带他们回家等她。帕梅拉知道这对母亲来说是个负担,但如果没有母亲的帮助,她可能会放弃继续打拼的念头。

许多妈妈上班迟到或要求加班,需要临时的托儿服务,她们通常选择求助家人,因为这比托儿中心更加灵活。我们在第二章讲述了埃拉的故事。有三个孩子的埃拉是一位三十三岁的墨西哥妈妈,她向我们讲述了自己如何在必胜客和呼叫中心之间来回奔波。埃拉谈到了自己决定离开低薪工作市场,进而成为学徒电工的原因。她开门见山地说:"你也知道我是一个单亲妈妈。"这样的自我称呼已经不陌生了。"单亲妈妈"这一头衔代表了母亲一种特殊的身份象征,表明在经济拮据的低收入母亲群体中,单亲母亲的生活更加艰难。单亲母亲的收入不到完整家庭的一半,而且要独自照顾孩子。在美国,四分之一的儿童生活在单亲家庭中。单亲家庭的贫困率大约是非单亲家庭的五倍。美国心理学协会的数据表明,独自育儿和财务困难会大大增加单身母亲的家庭压力。[83]

埃拉继续说道:"我爸妈会帮我照看二女儿,还会去接我儿子放学,我下班后会回家陪他们一会儿,然后再去打另一份工。"埃拉周末还会去工作。"我没能坚持太久,后来,实际上,公司(指呼叫中心)被卖掉了,他们解雇了所有临时工,所以我也被裁了。当时……我真的非常、非常、非常疲惫。"

这个时候,埃拉抓住了机会,决定参加预备学徒计划,成为一名电工。她向我们讲述了自己怎么发现机遇、树立自信并最终提交申请。交流中,埃拉提到了一个人——预备学徒项目的协调员杰姬·惠特。我们采访了埃拉和其他几位希望获得技工培训的女性,从对话中很容易推测,杰姬所做出的贡献已经远远超越了她的工作要求。她"了解其中的困难",而且"不会放弃你"。在与杰姬交谈时,可以从话里行间感受到她对预备学徒计划的热爱。

但同时，杰姬也清楚地认识到，女性，尤其是单亲妈妈、有色人种女性和遭受虐待的女性，是最难得到工作晋升机会的群体。杰姬是我们遇到的几位支持者之一，她们意识到，口头上的倡导必须转化为更有力的行动。

"只说不做，还远远不够"

我们在全国各地频繁听到关于像杰姬这样的人和事，她们的付出远远超越了传统意义对这一角色的定义。这些人为贫困的母亲和孩子提供服务，向社会发声倡议，她们的身影出现在试图寻找儿童保育服务、读完大学或进入技工行业的众多女性个人简介中。有时，这些人提供的帮助被视作救命稻草。我们就曾听说过宾夕法尼亚州的凯瑟琳和马萨诸塞州的奥特姆。她们重新定义了自己的工作职责，决心帮助母亲们顺利完成大学学业。她们利用了所有可利用的资源，还在此基础上创造出了更多的资源。我们还听到过迪这个名字。迪是一名家庭护理工，常常为其他收入贫困的家庭护理工和有色人种的母亲和祖母提供支持和帮助。特鲁迪也是其中的一员。她向贫困家庭提供了获取儿童保育补贴的建议，并找到了规避州政策限制的方法，是真正的"绕行艺术家"。每当谈到这些人，我们最常听到的两句话就是"如果不是她一直帮助我，告诉我我会成功"和"尽管这条路很艰难，但要是没了她，我肯定坚持不下来"。她们是倡导者，又不仅仅是倡导者。她们会极力抵制束缚母亲的规章制度，甚至在必要时打破这些规章制度。她们制定了地下战术，在心中默默将贫困妇女和儿童的权益福祉放在首位。

这些倡导者在主流文化中大多不为人所知，但母亲们坦言，她们长期提供的帮助是支撑自己继续下去的动力。她们表示，个人的决心、家人的支持、极个别灵活计划，外加幸运的光顾，都可以为她们提供机遇。然而，当你在反抗这个社会的诸多不公时，拥有一位真正理解你所面临的处境、愿意全力支持你，甚至为你打破底线的朋友，可以提供无可比拟的支持。

当我们将一些女性的评论与这些倡导者分享时，她们往往谦虚地将自己的贡献轻描淡写，转头强调贫困职场母亲团结的力量。来自米塞里科迪亚大学的凯瑟琳·波里达尔表达了这样的观点：女性们"相互合作，真心相助"。这挑战了"人们认为她们之间不能和睦相处"的观念。人们以为她们习惯为一点点小事而争斗，但情况却恰恰相反。黑人女性和白人女性之间建立了纽带，像亲人一样互相关心，互相照顾，彼此理解各自处境。我们当然会尽力支持她们，但真正让她们变强大的是她们自己的努力。她们组建了一个团体，并在这个团体中建立自尊，收获认同。这个团体积极向上且充满力量。冲突自然不可避免，但只要给这些母亲们一个机会，她们就会不断向着更好的生活奋斗。

第八章　号召我们共同前进

在疫情高峰期，人们通过竖立草坪标牌、悬挂横幅向杂货店店员和清洁人员这样的基层工作者表达感谢，是清洁人员为我们的城市"深度清洁"。在远程办公的日子里，正是有了这些人的帮助，我们的孩子才能重返学校和托儿所。那段艰难的日子，也是这些人负责补充超市货架，提供送货服务，照顾养老院里的老人。但现在，这些基层工作人员又在哪里呢？

杂货店收银员丹妮尔在整个疫情期间几乎每时每刻都处在焦虑之中。起初，雇主似乎承认她的工作要面临受感染的风险。2020年有三个月的时间，丹妮尔获得了风险津贴，每小时工资增加两美元，之后又减少到一美元。后来，危险依然存在，但额外的津贴却停止了。丹妮尔告诉我们："我每天冒着生命危险去上班，但再也拿不到风险津贴了。政府没有给一线工作人员提供任何追溯性的风险津贴或是其他形式的补助，连激励措施或激励的费用都没有。"

这些年来，我们一直倾听低收入母亲们的声音。终于在2020年，她们的身影出现在了各大新闻和报刊上。作为疫情中备受瞩目的人物，母亲们向公众讲述了自己与孩子被困在家里，为账单担忧的那些日子。她们在镜头前向大众敞开了心扉，展现了自己的生活：夜班回家后，要为孩子准备早餐，还要监督孩子上网课。这样的日子让她们感到发自内心的疲惫。这些母亲们充当公民记者，站在洗衣房和客厅，用苹果手机将直播视频传送到美国有线电视新闻网，公众对此也做出了回应。虽然聚光灯最后总会转向高收入人群在疫情中的困境，但低收入母亲所经历的极端困难也突然受到了关注。疫情之下，美国社会深藏的不平等问题被无情揭示。

在这一切曝光的背后，我们不禁开始思考：随着后疫情时代经济逐渐复苏，数以百万计的妇女和她们的孩子是否又会被人们遗忘？回归正常是否意味着恢复贫困工资，意味着在母亲面临被驱逐风险时缺乏保护，意味着低收入家庭的孩子们重陷儿童保育的混乱？我们向多位专家、社区领导和支持者征求意见，探讨这些问题的解决措施，以及未来的努力方向。

哪些人遭到了忽视？

《家庭优先冠状病毒应对法案》规定了紧急有薪休假这一条款，其初衷在于确保在托儿所和学校关闭后，选择优先照顾孩子和家人的一线员工不会受到处罚。然而，少于 50 人或多于 500 人的企业可以不受法案限制。这样的情况事实上剥夺了许多一线员工的托儿救济权利。据《华盛顿邮报》报道，该法案的规定使得约 740 万名大型公司员工和 240 万名小型公司员工失去了工作保障："只有 12% 的一线员工受到该法案保护。对于塔吉特和沃尔玛这样的综合商品公司，问题尤为严峻。"[84] 无论是因为公司规模过大还是过小，抑或是出于其他原因，这些劳工保护的例外情况充斥着美国劳工法律。

2020年末，布鲁金斯学会报告指出："疫情为美国最大的一批公司带来了前所未有的利润，也为其创始人和大股东带来了巨额财富，但他们手下的员工几乎没有获得任何好处。"[85]报告继而指出，疫情期间，这些公司在赚取数十亿美元的同时，"几乎没有与自己的一线工人分享这些利润。工人们每天冒着生命危险工作，但领到的工资往往无法养家糊口"。[86]丹妮尔也提到这一情况，回忆说，疫情封控期间眼睁睁看着杂货店的物价上涨。她告诉我们："我付完账单，买完食物，已经身无分文，已经在等下一次发工资。这些杂货店借着疫情涨价，仗着自己能提高食品标价。可对于普通人来说，我们又有什么办法呢？难道说，'哦，不行，我买不起食物'吗？因为大家都待在家里，所以几乎别无选择。"

服务、食品、护理和杂货店等行业的工会持续密切关注低收入员工及其家庭在经济复苏过程中所面临的问题。美国最大的连锁超市克罗格在疫情期间利润飙升，公司还将首席执行官的年薪提高到了2000万美元以上。然而，美国食品与商业工人联合会对克罗格一万多名一线员工进行了调查，结果显示，75%的受访者面临食品安全问题，14%的人无家可归。疫情期间，克罗格曾发放礼品卡作为"感谢酬金"和"英雄奖金"。然而，许多工人在月底前就已经面临食物告罄，他们少吃、挨饿，只是为了保障孩子不会饿肚子。尽管这些人每天忙于销售，为克罗格股东和高层创造数十亿美元的利润，但薪酬却非常低微，甚至到了连饭都吃不饱的地步。[87]

劳工领袖试图揭示雇主采取区别对待政策时哪些人会受到忽视。他们指责挑起新老员工之间对立的做法，而且，由于有色人种员工通常是新员工，因此也造成了白人和有色人种员工之间的对立。科罗拉多州服务业雇员国际联合会的工会组织者卡西·格雷马亚对这种分裂政策嗤之以鼻。她说："事实上，我们每个人都很重要。回顾战胜这场疫情的情景，我们心里明白，拯救我们的人不是公司首席执行官或是那些亿万富翁，而是医护人员、清洁工、公职人员和其他冒着生命危险帮助他人的人。"

2020年，上述员工的付出曾得到了认可和表扬。那现在呢？萨德·穆萨米是一位非洲裔美国女性，同时也是职场女性权益组织"工作中的家庭价值"（Family Values at Work）的副主任。她就曾指出："疫情让人们更清楚地认识到，所谓'正常'状态对于大多数家庭而言并不可行，尤其是对有色人种女性来说。"萨德和其他受访的活动家对一些人产生怀疑，包括那些自称支持"多样性、公平和包容"的人，反对种族主义和女权主义的人，甚至自认为属于自由派和民主党的人。萨德和其他受访的活动家呼吁我们采取更多的行动，团结一心，共同努力，绝不让复苏建立在贫困工人的牺牲之上。

跨越种族的帮助

近年来，社会上涌现出了一批跨种族、跨阶级的联合行动，十分引人注目。2019年，当疫情尚未席卷全国之时，一些妇女在最普通不过的地方展示出跨越阶级的团结，这一成果令人兴奋。一切始于美国东北部的各杂货店，收入不同的母亲们都在这里为家人采购食物。在疫情来临前的几个月，先是新英格兰地区遭遇了整整十一天的罢工，之后，国际食品和商业工人联合会在实得购物连锁超市取得了劳工运动迄今为止最重要的胜利。劳工工会是本次行动的组织者,但是最终的胜利归功于一些普通人,她们大多是站在杂物店柜台两侧的妈妈,正是有了她们的努力付出,才有了这次活动的成功。

康涅狄格州的当地工会代表杰西卡·佩特罗内拉说道:"我们只是想留住所拥有的东西,当然,也希望获得加薪,但他们试图取消养老金,不再为我们的配偶提供健康和福利保障。"实得购物连锁超市和其他许多大公司一样,试图从低收入员工身上克扣福利,希望减少大批员工的开支,增加企业利润。而这些员工正是几个月后疫情袭来之际我们称之为一线人员的那部分人。

在新英格兰地区,所有与我们交流过的富裕母亲都回忆起了当时的劳动冲突。有些人谈到她们与商店工作的收银员建立了深厚的情感纽带,这些收银员来自不同种族,在白人居多的地区工作。站在柜台两侧的妈妈们可能会询问彼此的孩子,实际上多年来她们都听说过彼此的孩子,分享作为母亲所感到的骄傲和担忧。因此,当这些工人们离开工作岗位,和孩子一起出现在罢工队列中,一些富裕的母亲驱车来到停车场,看到了罢工人员后随即掉头离开又回来。一位母亲说,她给这些罢工的母亲带来了咖啡和甜甜圈,其他人说她们鼓励朋友不再去那里购物。妇女们团结在了一起,整个新英格兰地区实得购物连锁超市的停车场变得空空荡荡。佩特罗内拉说:"顾客的支持至关重要。我们当中没有人预料到会得到这么多顾客的支持……我是说,人们几乎没有越过抗议队伍的边界线。"

对这些消费者来说,换个地方购物为她们的生活带来了一些小小的不便,需要花时间去适应另一种采购食品的路线,即使这样的改变可能只是暂时性的。改变购物方式意味着她们需要改变自己多年来养成的购物习惯。然而，跨越由低薪父母组成的示威队列让这些女性的想法发生了转变。这些母亲们辛勤工作，却惨遭不公平对待，当超市对不公平的包庇容忍演化为一种常态，打破它就显得理所应当。很快，对于那些住在郊区的高收入妇女来说，在示威活动中献出自己的一份力量变成了一种富有意义的行为，她们为此付诸了实际行动。员工冒着风险为自己发声，哪怕面临公司停发薪水的压力，也在所不辞，即使这意味着失去家里最重要的经济来源；消费者对这一公开立场表示认同，并对该群体给予了支持和帮助。最终，工会及其代表的广大贫困劳动者在这场运动中取得了胜利。

另一个同样出现了类似的跨阶级合作的地方是大学。马萨诸塞大学工会领袖、白人教授伊芙·温鲍姆指出，母亲身份可以让不同阶级、不同种族的妇女团结起来。温鲍姆表示，女性多年来一直承受着巨大的压力，公司不赞成她们休产假，不希望她们谈论自己的子女，也不允许她们在办公室摆放家庭照片。温鲍姆补充说："很明显，这个社会对养育孩子的女性仍然存在歧视。"为抵制这一情况，温鲍姆鼓励女性在工作中更多展示母性和家庭，"女性坦率说出'我有个孩子，希望能得到晋升'对每个人都有益"。敢于挑战对女性教职员工的性别歧视至关重要，校园里有很多无薪资员工和低收入员工，他们背后没有工会的支持，因此处境更加危险。

在伊芙所在的大学，除了学术休假和研究休假，教职工还可获得长达一学期的带薪产假，专业人员可以通过假期银行申请到最长六个月的假期。但是，与企业存在的不平等模式类似，在马萨诸塞大学，低工资员工只能获得十天产假。伊芙表示，教职员工得知最低工资员工遭受不公平对待时，大家不禁义愤填膺。她说："鼓励对所有父母和孩子一视同仁的运动很难获得公众的广泛支持。"然而，教职员工座谈会的成功举办让外界听到了这些女性的声音，自此该运动的支持率迅速攀升。"一旦了解情况，大多数人都会表示支持。"这一联盟卓有成效，提高了大学不同级别员工的休假福利。然而，除完成教学任务、照顾家庭、发表领域内论文和满足所有学术标准外，教职工们往往会在事后对校园里其他员工的生活深感忧愁。温鲍姆解释说，这种情况其实可以改变。其他活动家在采访中也曾提到，如果我们重视公平，就必须做出改变。

关爱将我们团结在一起

不同工薪家庭之间存在着一个共同问题，那就是对护理服务的迫切需求。美国西北地区的家庭护理工人伊琳娜说，对护理的需求是"我们每个人在生命的某个时刻都会面临的。需要帮助却没有家人立刻给予帮助时，你们就会需要我们，我们也同样需要你们，希望能得到体面的报酬"。研究人员预测，随着婴儿潮一代逐渐迈入老龄阶段，需要护理的老年人人数可能会大幅增加75%。朱莉·索洛是纽约"手牵手"组织的策划人，她表示："家庭护理工的人数面临短缺，但需求却在不断增加。人们不想老了以后被送进养老院，我们可以利用这个机会，将关注这个问题的人团结在一起，因为大家都不希望自己的母亲或自己有一天被安置在养老院里。""手牵手"是一个全国性的家庭雇主网络，雇主与雇工

"手牵手",共同争取更好的薪酬、政策和工作条件。对于像伊琳娜这样的护理工人来说,得到病人家人的支持非常重要,因为家庭护理助理的平均时薪只有12到14美元。看到在养老院工作的女性只能获得如此低微的报酬,病人的家人应该感到愤怒,毕竟她们为年迈的老人提供了最细致的护理服务。

服务人员国际工会的组织者长久以来持续关注着护理提供者和受益者之间的联系,并试图让更多的人了解其中的关联。2012年,他们在波士顿组织数十名家庭护理工人和护理服务雇主前往马萨诸塞州,与当地政府高层会谈。那天,我们陪同他们走进州议会大厅,工人和雇主共同站在了讲台上。残疾专业人士、老年人及其家属描述说如果没有家庭护工的帮助,自己的生活又会是怎样一番场景。护工之后讲述了她们与客户建立了长期友好的关系,也提到了自己对工作的热爱和依恋对提供良好的护理服务至关重要,也谈到工资水平低、工作时间不稳定和福利匮乏等问题。一位坐在轮椅上的美国非裔专业人士对全场观众说道:"如果没有她,我可能需要靠福利过活。"在这里,"她"指的就是站在他旁边、来自加勒比的家庭护工。而现在的这位专业人士有着体面的收入,并且为州经济增长做出了贡献。因此,他提出了一个问题:"护工为什么得不到一份体面的工资?"

我们与家庭雇工、家庭护工和养老院助理进行了交谈,证实了护理者和客户之间常常互相依靠、彼此信赖的关系。纽约哈德逊河谷组织者索洛说道:"很多人会为他们的护工进行辩护,因为他们的关系非常亲密,护工已经成为他们家庭的一部分。"与此同时,我们也看到,一些雇主会利用这份感情剥削本就薪酬低微的雇工。第四章中我们曾讲述过劳拉的故事,她来自康涅狄格州的一个富裕家庭。劳拉认识到,多年来与孩子保姆建立的深厚情感对自己的家庭产生了深远的影响。"这些女性每天都在照顾你的孩子,有时还住在你家里,所以她们确实成了家里的新成员。"

劳拉逐渐相信自己有责任帮助这些替她照顾家庭的女性,支付了多位保姆的学费和法律咨询费用,并为她们提供了贷款资助。劳拉甚至曾在保姆无力聘请律师时作为她的家庭成员出庭。然而,劳拉也认识到即使重新定义雇主与雇员之间的关系,局限性仍然存在。上大学之时,劳拉曾阅读过朱迪思·罗林斯的《女性之间:家庭雇工与雇主》一书。"这让我思考到一些模糊的边界问题,"劳拉补充道,"比如提供带薪休假、加班工资或节假日工资。保姆住在你家的时候,也许保姆这时候该休息,但她还待在你家,这个时候如果家人想出去该怎么办呢?"劳拉承认,在她认识的其他富裕妈妈中,即使有些人声称自己是自由主义或女权主义人士,在对待保姆这类住家服务的工人时,似乎也没有采用同样的伦理标准。富裕的白人文化告诉我们,个人的生活和家庭事务与社会的公平正义并不直接挂钩,因此不需要过多考虑自己的行为是否符合公平原则。

疫情凸显了不同富裕人士对待家政和托儿服务人员的不同态度。对一些人来说,疫情打破了一种神圣不可侵犯的资本主义信条:他们尽可能支付最少的费用,并且从不为任何未得到的服务付费。突然之间,有一些人开始质疑这种做法正确与否。我们有些女性说,她们在疫情期间即使没有得到相应的服务,仍支付家政和托儿服务的费用,而有些人则没有这样做。"我认识的很多城里妈妈都没给清洁工付工资,压根没有考虑要付,因为疫情期间她们没有上门服务,但我给自己的清洁工付了工资,要不然她怎么维持生计?"来自康涅狄格州的富裕白人母亲哈里特这样说道。

疫情期间,过度剥削行为得到了广泛的宣传。托儿工作者和家庭护理员报告称,由于担心交叉感染,他们只能被迫离开家人,与雇主一同"隔离"和"居住"。实际上,一家会计咨询公司建议"提供家庭帮助的人"住在家里,这样可以"减少他们的子女接触到外面的人"。[88]这家公司指出,家庭可以在保障最低标准的前提下从住宿工资中扣除食宿费。疫情期间,对富裕家庭来说这样的做法更安全,也更合适。因此,像第三章提到的塞雷娜这样的职业母亲就面临着一大艰难抉择:要么失去所有经济来源,要么离开家人去雇主家工作,确保这些富人的安全安定。

"手牵手"组织指出,无论高收入家庭在疫情下遇到了怎样的问题,保姆、家政清洁工、家庭和养老护工遭受的利益损失只会严重得多。他们呼吁雇主承诺,凡是有能力支付工人工资的雇主都应该继续支付。这就是《"手牵手"组织雇主承诺书》。"我们呼吁保姆、家庭清洁工和家务护理员的雇主支付工人工资,保护工人权利,为他们的生计给予支持,即使他们目前无法住家工作。考虑到并非每个人都能或都想为生病在家或集中隔离的家政人员支付工资,我们建议雇主可以在经济条件允许的情况下支付额外费用。"在个人意愿之外,我们是否有责任将此问题进行公开讨论?那些赞同平权、反对种族主义和支持妇女权益的人又是否应该承担这个责任?许多人表示,正是这些人应该发声并参与讨论。

脱离队伍

工作女性权益组织"工作中的家庭价值"主任约瑟芬·卡利

佩尼承认，谈论我们的立场会使整个局面变得尴尬。她询问了一些富裕阶级的自由派白人，想知道她们是否愿意签署承诺书、支付更多费用、打破阶级规则。作为一位来自非洲马拉维人的黑人，约瑟芬认为大多数白人特权阶层对此种风险分析并不熟悉。"作为一位黑人女性，我无时无刻不在进行着风险分析。"但约瑟芬和其他人告诉我们，如今每个人都应该承担这些责任。"没有投入成本就说明你没有付出。慷慨出钱值得表扬，但我们还需要做更多。"高风险带来的代价应由那些财富充裕的人承担。

俄勒冈州家庭先锋组织的白人主任安德烈亚·帕鲁索赞同约瑟芬的观点，并从其他视角分析了这一代价："我必须参与一场与自己无关的斗争。"这与主流富裕文化形成鲜明对比，后者根植于个人水平的提高和利益的增加。安德烈亚认为，特别对于白人进步女性来说，真正重视社会平等的人就不得不投身于一场斗争中去，一旦取得胜利，她们就有可能需要放弃一些特权和优势。"白人必须努力为更包容的社会体系腾出空间，同时让位，让其他人领导。"或者用约瑟芬的话来说，手握特权的人必须扪心自问："我愿意放弃什么？"

富裕家庭的妈妈萨布丽娜志愿参加了一家本地非营利组织。该组织负责筹集资金，提高公众对影响妇女和女孩问题的认知。她经常鼓动身边其他住在郊区的妈妈们捐款，寻求志愿时间。"这些人都是受过教育的自由派人士，但其中一些人更愿意选择不去关注和了解这些妇女贫困的生活，她们选择不去看，只是低头签支票。看到这些人的生活处境会让她们非常不舒服，尤其这些人就站在她们家的后院。"萨布丽娜居住在康涅狄格州的费尔菲尔德县，该县包括纽约市的郊区费尔菲尔德、格林尼治、韦斯特波特、新卡南和达里恩等郊区。破旧衰败的城市布里奇波特就坐落在费尔菲尔德旁边，除了废弃的工厂和破碎的窗户，还有超过 20% 的贫困率。截然不同的地方出现在同一个县内，导致全国范围内出现最严重的不平等现象和财富差距。[89]

萨布丽娜在接受采访时说道："这个地区有许多有钱人是家庭主妇，她们照顾孩子，丈夫每天去城里上班，很多人的思想都很进步。"刚搬到费尔菲尔德后，萨布丽娜主动将外套送到布里奇波特的一个家庭。她回忆道："我永远不会忘记在走廊经过这些人时，房子简直快要倒塌了，有些母亲和孩子坐在那里，生活环境如此恶劣……离我们住的地方非常近。我回到自己的宝马车上，开车回家，回到我四百多平方米的房子，这真的让我感到恶心。回家之后都没顾上看孩子，径直去卫生间吐了出来。"萨布丽娜认为这就是为什么有些妈妈宁愿捐钱而不愿亲自付诸行动。她补充道："这让富裕的母亲心里很内疚，她们想保护自己的孩子，不想让他们看到这些。"

虽然捐款同样是一种重要援助手段，但相比起亲自进行志愿服务，捐款可能无法让富裕的白人女性获得发自内心的深省。东海岸的退休白人辛西娅同样认为富裕阶层容易绕开问题。她向我们讲述自己最初曾参与一个项目，该项目为单身母亲提供经济援助。"刚听说这个项目时，可能会以为这些女性能得到很多免费支持，既能解决教育，又能解决住房，还能帮她们找到托儿服务，所以应该也没什么大问题。但随着越来越深地参与到项目中，就会发现事情根本不是这样……对她们来说，上班会带来许多巨大花销，这些看起来可能没什么，但我记得有一次开会，她们提到有些人没有牙医保险，也没有钱。她们牙疼……需要看牙医。而且，要是缺了几颗牙,肯定不想参加工作面试,也不想去上课。那些有钱的女性没有这方面顾虑,牙齿如果出问题了就会去找牙医。以前我从没想过这一点,但现在意识到了。"

"我认为是感同身受让我们站了出来"

来自华盛顿的白人母亲莉迪娅是一名年轻的律师,多年来一直致力于从事移民法律权益的相关工作。她告诉我们:"在我看来,必须让很多人(中产阶级)真正感同身受。假设自己是一位无法维持生计的母亲,然后用她们的眼光去看待问题。我问自己,'如果我是她们,会怎么做'。这就是将问题与个人挂钩,这时你就会说,'必须做更多的事情'。"莉迪娅、劳拉和其他富裕的女性告诉我们,她们需要面对面交流才能打破刻板印象,而此前她们从未意识到这些刻板印象的存在。在她们看来,正是由于"感同身受",她们才从被动支持(指与当事人仍有一定距离的盟友)变为主动参与。这不仅仅是抵制一家商店,签署一份请愿书,写一张支票,或单纯根据自己的价值观进行投票。我们听到的是,现如今被动支持远远不够,人们需要走出阶级和种族带来的安全区,勇敢跨越阶级和种族的边界。我们要积极响应,做更多的事情。

"感同身受"正是杰姬·惠特提出的观点。作为一名多种族的切罗基族公民,她负责为试图进入高薪工会工作的妈妈提供全方位支持。然而在杰姬看来,即使是高收入人群关心他人,也可能不去直面周围"他人的苦难遭遇"。在2021年秋天的一次访谈中,杰姬若有所思地说:"我想知道,与其接待一些外国交换生,为什么不用这一年时间收留一位妈妈和她的孩子,这样这位妈妈就可以安心上一年大学,不用担心住房问题。或者'接待'一个贫困的孩子,让她的妈妈找到一份更好的工作,再或者给一位贫困的青少年提供运动、音乐或校服上的帮助,或是赞助当地的一个孩子。"杰姬继续说道:"为什么那么多关注平等的人会选择回避身边的低收入妈妈和她们的子女,反而倾向于帮助外面的人呢?也许有一天我会辞掉工作,自己创办一个项目,也许还能发起一场运动!"

在2020年的宾夕法尼亚州,莉萨与一位名叫卡特里娜的白人专家展开对话。卡特里娜致力于维护社会公正。她的丈夫收入水平较高,因此她开始向自己发起挑战,审视自己在这个极不平等的社会中处于怎样的地位,以及这一地位对她的决策产生了怎样的影响。卡特里娜发起了一个组织,聚集了当地来自不同收入层次的母亲。她们常常一同交流,相互反映问题,说出自己忧虑,互相给出建议,除了言语支持,这些妈妈们还会亲自行动,互相提供实质性的帮助。卡特里娜注意到,通过参与群体活动,高收入成员开始意识到周围家庭所面临的现实挑战和问题,而在此之前,她们对这些家庭身处的困境一无所知。

我们问卡特里娜:"您认为这是否会让她们参与到提高工资的运动中去?"

"我也一直为这件事担忧呢。"卡特里娜回忆说,"不知道,说出来会让我有些尴尬,但我真的不知道。因为在我看来,做到这一点对她们来说可能需要付出一些代价。我感觉有些人会愿意加入,但还是不确定。感觉其他人可能愿意,嘴上也说她们愿意,但说到底,如果真的要因为这个做出牺牲……缩小服务人员和(富裕)家庭之间的鸿沟,我不确定她们是否真的同意。这就是我的感觉，也让我重新审视我的朋友和社交圈。"

卡特里娜的话听起来与其他平权活动者的言论类似。萨德一针见血地总结："或许你必须得失去一些人。"赶走房客的行动正在全国蔓延，儿童贫困情况愈演愈烈，工资的涨幅却微乎其微，根本无法让妈妈和孩子摆脱贫困的处境。交流困难甚至断绝关系已经算不上是很大的代价。十年前，一位名叫里夫的黑人劳工组织者告诉莉萨，她想号召其他母亲行动起来。她希望有一天妈妈们会互相支持，不分种族、不分阶级，无论是黑人、白人还是拉丁美洲裔。她希望所有重视妈妈们所做贡献的人都能被这样的运动所感召，从而参与其中。这样的愿景在我们的访谈和当地社区交流中被反复提及。

来自宾夕法尼亚州的南希是一位富裕的白人女性，她讲述了从女儿身上获得的反思，因为女儿参与了一个针对"贫困儿童"的项目。南希说道："我女儿参与的项目可以帮助贫困孩子上大学，此前她帮助了一个刚生完宝宝的青少年母亲，这位母亲有资格通过一个政府项目获得免费奶粉，我记得好像是'妇女、婴儿和儿童'这个计划。我女儿打电话问她有没有去领免费奶粉，她说没有。我问'怎么会这样？如果能领免费奶粉，她为什么不去'。我女儿回答说，'妈妈，她刚生了孩子，但是没有人帮她，必须得带着刚出生的宝宝在这么冷的天坐三次公交车去取奶粉'。我的第一反应是责怪，但是你必须得问问自己，如果是你处在那种情况下，又会怎么做？"

当工作稳定的富裕母亲们详细描述困难时，常常会附加一句："我根本想象不到这些低收入妈妈和单亲妈妈的生活有多么辛苦。"说这句话的时候，这些女性可能会忍不住颤抖，然后很快背过身去，但我们希望此刻所有人都能停下脚步，想一想几百万的家长每天都要面对怎样的困境，而我们的生活和社会离不开她们的劳动。白人领袖艾伦·布拉沃几十年来致力于推广妇女经济正义运动，她认为在我们的平权事业和社会正义工作中，应该切实问一问自己类似的问题。艾伦说："我们为自己争取更好的工作政策时，是否也要求组织中每个等级都实行相同的政策？这应该是我们的起点。"

我们希望读者朋友们能敢于培养这种意识，将发问作为宣传的第一步。我们听说有大学奖学金时，问一问这一奖学金的涵盖范围是否包括需要托儿服务和学费援助的单亲妈妈。了解一下你工作地点的带薪家庭假是否覆盖了那些工资水平最低的工人，问一问那些工人是否有着和你一样多的带薪病假。政府颁布了新的托儿政策，问一问该政策是否考虑到了工薪阶层母亲和托儿工作人员的诉求。确保任何争取更高工资、带薪休假或其他家庭支持措施的运动都能够惠及低收入和单亲妈妈的家庭。众所周知，这些运动对于我们的家庭来说至关重要。

我们需要考虑后疫情时期的"复苏"是否真正重视一线工人的需求，这些工人包括低工资父母、黑人、土著人和有色人种员工、移民家庭、单亲妈妈和她们的孩子。我们已经看到，低收入母亲在仓库里通宵工作来组装我们的包裹，为我们结账，照顾我们的孩子，照顾我们患病的亲人。如果意识到支持她们需要付出一定的代价，我们还愿意为那些低收入母亲们站出来发声吗？冷冷·詹西是美国职业妇女协会"朝九晚五"（9to5）的亚裔执行董事，她对当前的情况提出了挑战，表示："我要找的不再是盟友，而是一个具有冒险精神的同谋者。"

后记

在完成这本书的手稿时,米歇尔因乳腺癌不幸离世,至此,阿曼达失去了一位亲密无间的朋友。两年的时间里,她们在茶余饭后展开了许多深入的交流与讨论,米歇尔对书中的内容产生了浓厚的兴趣,与阿曼达一起讨论每一章中女性的故事,一定程度上是为了分散自己对治疗计划和临床试验的注意力。米歇尔是一名儿童职业治疗师,终身致力于倡导为所有孩子提供早期教育和体验式教育,也包括她两个儿子在内。她的丈夫是一名中学社会学教师。米歇尔是一位中产阶级的犹太母亲,在布鲁克林的贝岭长大,后来为了照顾家庭移居康涅狄格州费尔菲尔德县。

除了偶尔需要清洁工和保育员的帮助,米歇尔多年来很少雇用家政服务人员,然而,随着病情加重,她需要有人打扫卫生和接送孩子训练,也需要家政服务,起初是一些家政人员,这些人会出去帮忙办一些杂事。后来,米歇尔开始需要家庭保健助理,帮助她洗澡、处理药物、更换绷带。和我们期待的读者一样,米歇尔非常关心这些女性家政服务者的生活。她询问这些人的父母和孩子情况,试图了解他们的生活状况。米歇尔会与这些女性交流家人的移民困难、未成年女儿怀孕,以及车辆出现故障且登记过期等个人问题,试图帮助她们,提前支付工资或提供休假时间、灵活工时、带薪休假等福利，并慷慨赠予礼物。米歇尔还会推给她们可能会提供帮助的专业人士的联系方式。

在谈论本书时，米歇尔承认她深感不安，因为这些女性曾体贴入微地照顾她的儿子，护理她的身体，但想改变这些女性的生活，现在的努力还远远不够。通常，我们更容易注意到在自家工作的贫困女性，对她们负责，而不是认识到社会体制中存在的压迫。相对少见的是，这种责任感有时也会延伸至我们每天遇到的其他低薪工人，比如那些拒绝去新英格兰地区实得超市购物的富裕母亲。我们遇到的低薪妈妈只是该群体的缩影，她们有的在快餐店的厨房工作，有的会到我们的家门送货，有的会在我们的拿铁咖啡中加入额外的香草糖浆。如今，低收入、黑人、土著和有色人种的妇女正在领导各项平权运动，但手握特权和资源的富裕白人妇女未来有一天也可能成为推动这些运动的牵头人。

在生命的最后一个月里，米歇尔常常不堪忍受病痛的折磨，但唯独盼望着一个人的到来，那就是家庭保健助理雪薇尔。最初，米歇尔通过护士访问服务认识了这位五十多岁的黑人女性。米歇尔的家人询问了如何通过机构安排雪薇尔的工作时间，并且希望必要时私下雇佣她，因为他们有足够的资源。

雪薇尔会哄着米歇尔多喝一口酸奶，这样才能有力气见到儿子们，还会在不摩擦伤口的前提下巧妙处理流脓的伤口，整个过程中她都在温柔地与米歇尔轻声交谈。雪薇尔会提前预料到米歇尔需要在沙发或医院床上改变体位，用温和的力度帮助她翻身。雪薇尔知道米歇尔何时需要更多的止痛药，何时需要冰棍来缓解口干症状。米歇尔无法起身上厕所的日子，雪薇尔会在所有人察觉之前更换弄脏的铺盖，在无微不至的看护和日常生活中轻松自如地转换角色。她用轻声细语让米歇尔感到安宁和轻松,唱着"一切都会好"的小曲,米歇尔只需要在一旁休息。雪薇尔每天都展示着娴熟的个人护理技巧,仿佛艺术般的技巧。

雪薇尔同时也是一名老师。她教会了阿曼达和整个家庭该如何面对生命垂危的至亲,毫不避讳地将自己的额头贴在米歇尔滚烫的皮肤上,按摩她肿胀而僵硬的胳膊和手指。虽然米歇尔在雪薇尔的关怀中获得了慰藉,但阿曼达也常常思考家庭护工拿到的报酬和工作价值之间存在的不对等关系。

在生命的最后几周,米歇尔不断询问雪薇尔何时回来,同时也担心雪薇尔会不会没有能够得到足够的睡眠,会不会失去健康保险。由于家庭护工很少能获得福利,雪薇尔还在一个工厂上夜班,以维持自己和儿子的医疗保险,所以会在整夜工作之后,回家休息几小时,然后驱车三十分钟到米歇尔的家里工作五到八个小时,然后再回到工厂工作,日复一日。

在米歇尔的家里工作时,雪薇尔有时候会昏昏欲睡,但并不会在给药时出现危险情况。她似乎训练有素,能够察觉到不重要的闲聊时机,然后抽空放松,恢复精神,之后再度恢复警觉。米歇尔经常鼓励雪薇尔去休息一下,吃个三明治。厨房里有食物,而且米歇尔坚持要雪薇尔休息。雪薇尔会密切留心米歇尔的状况,确保她有人照顾,而米歇尔也在默默注视着雪薇尔。

在和阿曼达交流时,米歇尔描述了自己一步步从单纯的同情到受到召唤并付出更多行动的过程。她的病情发展得太快,以至于无法成为活动的倡导者,但她希望自己的故事能够为书中所提出的重要问题带来一些灵感,迫切希望读者能看到像雪薇尔这样的母亲的遭遇,并为此感到愤怒。这些女性薪水微薄,无法获得福利，却提供了我们生活中最细致、最重要的服务。

当米歇尔的生命走到尽头，雪薇尔陪伴她在身边，在那个雷声滚滚的夜晚，雪薇尔紧紧拥抱着米歇尔。

致谢

　　我们衷心感谢众多女性与我们分享她们的生活,她们的经历记录了美国社会残酷的不平等现象,真实地反映了母亲们辛勤工作却依旧贫困的现实,更是对她们全心全意照顾孩子的动人写照。她们是本书的核心。我们对那些坚定不移为工薪阶层妇女、她们的家庭和社区挺身而出的支持者和活动家们表达深深的敬意,希望本书能激励更多的人加入这一行列。最后,我们想向自己的母亲、姐妹、女儿和孙女表达个人的感激之情,她们的力量、爱和关怀成为我们去追求一切目标的动力。

注释

作者手记

1. Martha Ross and Nicole Bateman, *Meet the Low-Wage Workforce* (Washington, DC: Brookings Institution, 2019), www.brookings.edu/research/meet-the-low-wage-workforce.
2. This book builds on research published in the following co-authored journal article: Amanda Freeman and Lisa Dodson, "Triple Role Overload: Working, Parenting, and Navigating Public Benefits," *Journal of Family Issues* 42, no. 8 (2021): 1737-1761.

第一章　女孩挺身而出

3. Patricia L. East, "Children's Provision of Family Caregiving: Benefit or Burden?" *Child Development Perspectives* 4, no. 1 (April 2010).
4. Abel Valenzuela Jr., "Gender Roles and Settlement Activities Among Children and Their Immigrant Families," *American Behavioral Scientist* 42, no. 4 (January 1999).
5. Amelia Nierenberg, "Meet Genesis, a High School Senior in N.Y.C.," *New York Times*, November 24, 2021.
6. Annette Lareau, *Unequal Childhoods: Class, Race, and Family Life* (Berkeley: University of California Press, 2011).
7. Claire Cain Miller, "The Relentlessness of Modern Parenting," *New York Times*, December 25, 2018.
8. Wendy Luttrell, "Picturing Care: An Introduction," *Gender and Education* 31, no. 5 (2019).
9. Harbour Fraser Hodder, "Girl Power: What Has Changed for Women—and What Hasn't," *Harvard Magazine*, January-February 2008.

10 Heather Koball and Yang Jiang, *Basic Facts About Low-Income Children: Children Under 18 Years, 2016* (New York: National Center for Children in Poverty, 2018), www.nccp.org/publication/basic-facts-about-low-income-children-children-under-18-years-2016.

11 David Cooper, "Workers of Color Are Far More Likely to Be Paid Poverty-Level Wages Than White Workers," *Economic Policy Institute: Working Economics Blog*, June 21, 2018, www.epi.org/blog/workers-of-color-are-far-more-likely-to-be-paid-poverty-level-wages-than-white-workers.

12 Gretchen Livingston, *The Changing Profile of Unmarried Parents: A Growing Share Are Living Without a Partner*, Pew Research Center, April 25, 2018.

13 Cheridan Christnacht and Briana Sullivan, *About Two-Thirds of the 23.5 Million Working Women with Children Under 18 Worked Full-Time in 2018* (Suitland, MD: U.S. Census Bureau, 2020), www.census.gov/library/stories/2020/05/the-choices-working-mothers-make.html.

14 Angela Hanks, Christian E. Weller, and Danyelle Solomon, *Systematic Inequality: How America's Structural Racism Helped Create the Black-White Wealth Gap* (Washington, DC: Center for American Progress, 2018), www.americanprogress.org/article/systematic-inequality.

15 Emma Ketteringham, "Do Poor Parents Have to Be Perfect?" *New York Times*, August 22, 2017.

第二章 随时轮班工作

16 Lawrence Mishel et al., *The State of Working America*, 12th ed. (Ithaca, NY: Cornell University Press, 2012).

17 D. Augustus Anderson and Lynda Laughlin, *Retail Workers 2018: American Community Survey Reports* (Suitland, MD: U.S. Census Bureau, 2020).

18 National Women's Law Center, *When Hard Work Is Not Enough: Women in Low-Paid Jobs* (Washington, DC: National Women's Law Center, 2020).

19 Catherine Ruetschlin and Dedrick Asante-Muhammad, *The Retail Race Divide: How the Retail Industry Is Perpetuating Racial Inequality in the 21st Century* (New York: Demos; and Baltimore: National Association for the Advancement of Colored People, 2015).

20　National Women's Law Center, *When Hard Work Is Not Enough: Women in Low-Paid Jobs.*

21　U.S. Government Accountability Office, *Federal Social Safety Net Programs: Millions of Full-Time Workers Rely on Federal Health Care and Food Assistance Programs* (Washington, DC: U.S. Government Accountability Office, 2020).

22　Nathaniel Meyersohn, "Target Raised Wages. But Some Workers Say Their Hours Were Cut, Leaving Them Struggling," CNN online, October 14, 2019, www.cnn.com/2019/10/14/business/target-cutting-hours-wage-increase/index.html.

23　Gina Adams, Peter Willenborg, Cary Lou, and Diane Schilder, "To Make the Child Care System More Equitable, Expand Options for Parents Working Nontraditional Hours," *Urban Wire*, January 14, 2021, www.urban.org/urban-wire/make-child-care-system-more-equitable-expand-options-parents-working-nontraditional-hours.

24　Office of Planning, Research and Evaluation, *Fact Sheet: Provision of Early Care and Education During Non-Standard Hours* (Washington, DC.: Office of Planning, Research and Evaluation, 2015), www.acf.hhs.gov/opre/report/fact-sheet-provision-early-care-and-education-during-non-standard-hours.

25　Kim Parker, Juliana Menasce Horowitz, and Rachel Minkin, "How the Coronavirus Outbreak Has—and Hasn't—Changed the Way Americans Work," Pew Research Center, December 9, 2020, www.pewresearch.org/social-trends/2020/12/09/how-the-coronavirus-outbreak-has-and-hasnt-changed-the-way-americans-work.

26　Will Romano, "Amazon's Biggest Exploitation Is Giving Its Workers More Time Off," *Medium* (blog), August 23, 2021, marker.medium.com/amazons-biggest-exploitation-is-giving-its-workers-more-time-off-e0d45dffc39d.

27　One Fair Wage, *Locked Out by Low Wages: Service Workers' Challenges with Accessing Unemployment Insurance During COVID-19* (Berkeley: UC Berkeley Food Labor Research Center, 2020).

28　Denise Mann, "Day Care Babies: More Infections Now, Fewer Later," CNN .com, December 6, 2010, www.cnn.com/2010/HEALTH/12/06/daycare.kids/index.html.

29　Adewale Maye, "Low-Wage Workers Least Likely to Have Paid Sick

Days," *Center for Law and Social Policy* (blog), November 21, 2019, www.clasp.org/blog/low-wage-workers-least-likely-have-paid-sick-days.

30 National Partnership for Women & Families, "Most Women in Fast Food Industry Cannot Earn Paid Sick Time, Have Gone to Work with 'Troubling Symptoms,' Survey Finds," press release, November 22, 2016, www.nationalpartnership.org/our-impact/news-room/press-statements/most-women-in-fast-food-industry-cannot-earn-paid-sick-time-have-gone-to-work-with-troubling-symptoms-survey-finds.html.

31 Bridget Ansel and Matt Markezich, *Falling Behind the Rest of the World: Childcare in the United States* (Washington, DC: Washington Center for Equitable Growth, 2017), equitablegrowth.org/falling-behind-the-rest-of-the-world-childcare-in-the-united-states.

32 Claire Cain Miller, "Walmart and Now Starbucks: Why More Big Companies Are Offering Paid Family Leave," *New York Times*, January 24, 2018.

33 U.S. Bureau of Labor Statistics, *Employee Benefits Survey* (Washington, DC: U.S. Bureau of Labor Statistics, 2018), www.bls.gov/ncs/ebs/benefits/2018/home.htm.

34 Alana Semuels, "Poor at 20, Poor for Life," *Atlantic*, July 14, 2016.

35 Todd Gabe, Jaison R. Abel, and Richard Florida, *Can Low-Wage Workers Find Better Jobs?* (New York City: Federal Reserve Bank of New York, 2018), www.newyorkfed.org/research/staffreports/sr846.

第三章 廉价的护理工作

36 Stephen Campbell et al., *Caring for the Future: The Power and Potential of America's Direct Care Workforce* (New York City: PHI, 2021), phinational.org/resource/caring-for-the-future-the-power-and-potential-of-americas-direct-care-workforce.

37 Julia Wolfe et al., *Domestic Workers Chartbook* (Washington, DC: Economic Policy Institute, 2020), www.epi.org/publication/domestic-workers-chartbook-a-comprehensive-look-at-the-demographics-wages-benefits-and-poverty-rates-of-the-professionals-who-care-for-our-family-members-and-clean-our-homes.

38 Lauren Hilgers, "Out of the Shadows," *New York Times Magazine*, February 24, 2019.

39 Mikki Kendall, *Hood Feminism: Notes from the Women That a Movement Forgot* (New York: Penguin, 2021).

40 Domestic Workers Bill of Rights Act, H.R. 4826, 117th Cong., 2021-2022.

41 Diana Boesch and Shilpa Phadke, *When Women Lose All the Jobs: Essential Actions for Gender-Equitable Recovery* (Washington, DC: Center for American Progress, 2021), www.americanprogress.org/article/women-lose-jobs-essential-actions-gender-equitable-recovery.

第四章 母性的中心地位

42 Kathryn Edin and Maria J. Kefalas, *Promises I Can Keep: Why Poor Women Put Motherhood Before Marriage* (Berkeley: University of California Press, 2005).

43 Rosanna Hertz, Jane Mattes, and Alexandria Shook, "When Paid Work Invades the Family: Single Mothers in the COVID-19 Pandemic," *Journal of Family Issues* 42, no. 9 (2021): 2019-45.

44 U.S. Census Bureau, 44 *Percent of Custodial Parents Receive the Full Amount of Child Support* (Washington, DC: U.S. Census Bureau, 2018), www.census.gov/newsroom/press-releases/2018/cb18-tps03.html.

45 U.S. Chamber of Commerce Foundation, *Childcare: An Essential Industry for Economic Recovery* (Washington, DC: U.S. Chamber of Commerce Foundation, 2020).

46 Lillian Mongeau, "After Mass Closures, Too Little Support, Post-Pandemic Child Care Options Will Be Scarce," *Hechinger Report* online, February 16, 2021, hechingerreport.org/after-mass-closures-too-little-support-post-pandemic-child-care-options-will-be-scarce.

47 Steven Jessen-Howard and Simon Workman, "Coronavirus Pandemic Could Lead to Permanent Loss of Nearly 4.5 Million Child Care Slots," *Center for American Progress* online, April 24, 2020, www.americanprogress.org/article/coronavirus-pandemic-lead-permanent-loss-nearly-4-5-million-child-care-slots.

48 Gretchen Livingston, "Stay-at-Home Moms and Dads Account for About One-in-Five U.S. Parents," Pew Research Center online, September 24, 2018, www.pewresearch.org/fact-tank/2018/09/24/stay-at-home-moms-and-dads-account-for-about-one-in-five-u-s-parents.

49 U.S. Census Bureau, *Quick Facts: Westchester County, New York* (Washington, DC: U.S. Census Bureau, 2020), www.census.gov/quickfacts/fact/table/westchestercountynewyork/LFE046219.

50 Julia Wolfe, "Domestic Workers Are at Risk During the Coronavirus Crisis," *Economic Policy Institute: Working Economics Blog*, April 8, 2020, www.epi.org/blog/domestic-workers-are-at-risk-during-the-coronavirus-crisis-data-show-most-domestic-workers-are-black-hispanic-or-asian-women.

51 Lila MacLellan, "70% of Top Male Earners in the US Have a Spouse Who Stays Home," *Quartz at Work* online, April 30, 2019, qz.com/work/1607995/most-men-in-the-top-1-of-us-earners-have-a-spouse-who-stays-home.

52 Laura A. Schifter et al., *Students from Low-Income Families and Special Education* (New York: The Century Foundation, 2019), tcf.org/content/report/students-low-income-families-special-education/?session=1.

53 Mikki Kendall, *Hood Feminism: Notes from the Women That a Movement Forgot* (New York: Penguin, 2021).

第五章　托儿服务的空头支票

54 Peter T. Kilborn and Sam Howe Verhovek, "Welfare Shift Reflects New Democrats," *New York Times*, August 2, 1996

55 Julie Blair, "Only 42 Percent of Eligible Children Participate in Head Start," Education Week online, November 25, 2013, www.edweek.org/policy-politics/only-42-percent-of-eligible-children-participate-in-head-start/2013/11.

56 Bridget Ansel and Matt Markezich, *Falling Behind the Rest of the World: Childcare in the United States*.

57 Pia Rebello Britto, Hirokazu Yoshikawa, and Kimberly Boller, "Quality of Early Childhood Development Programs in Global Contexts: Rationale for Investment, Conceptual Framework and Implications for Equity," *Society for Research in Child Development* 25, no. 2 (2011).

58 Mary King, "A New National Model for Preschool and Child Care in the U.S.," Inequality.org online, March 3, 2021, inequality.org/research/universal-childcare-portland.

59 Elise Gould, *Child Care Workers Aren't Paid Enough to Make Ends*

Meet (Washington, DC: Economic Policy Institute, 2015), www.epi.org/publication/child-care-workers-arent-paid-enough-to-make-ends-meet.

60 Douglas Rice, Stephanie Schmit, and Hannah Matthews, *Child Care and Housing: Big Expenses with Too Little Help Available* (Washington, DC: Center on Budget and Policy Priorities, 2019), www.cbpp.org/research/housing/child-care-and-housing-big-expenses-with-too-little-help-available.

61 María E. Enchautegui, *Nonstandard Work Schedules and the Well-Being of Low-Income Families* (Washington, DC: Urban Institute, 2013).

62 Yasmina Vinci and David Medina, "Opinion: America's Early Education System Is Struggling. Head Start Can Help Chart a Path Forward," *The Hechinger Report* online, May 24, 2021, hechingerreport.org/opinion-americas-early-education-system-is-struggling-head-start-can-help-chart-a-path-forward.

63 Julie Kashen, Sarah Jane Glynn, and Amanda Novello, *How COVID-19 Sent Women's Workforce Progress Backward* (Washington, DC: Center for American Progress, 2020), www.americanprogress.org/article/covid-19-sent-womens-workforce-progress-backward.

64 Michael Karpman et al., *The COVID-19 Pandemic Is Straining Families' Abilities to Afford Basic Needs* (Washington, DC: Urban Insti- tute, 2020).

65 Jen Christensen, "The Pandemic Has Pushed Children's Mental Health and Access to Care to a 'Crisis Point,'" *CNN* online, July 22, 2021, cnn.com/2021/07/22/health/covid-19-pandemic-mental-health-children/index.html.

第六章　悬崖边缘的母亲与孩子

66 Ife Floyd et al., *TANF Policies Reflect Racist Legacy of Cash Assistance* (Washington, DC: Center on Budget and Policy Priorities, 2021), www.cbpp.org/research/family-income-support/tanf-policies-reflect-racist-legacy-of-cash-assistance.

67 Kalena Thomhave, "Battle Over TANF Family Cap Intensifies," *Spotlight on Poverty and Opportunity* online, October 3, 2018, spotlightonpoverty.org/spotlight-exclusives/battle-over-tanf-family-

cap-intensifies.

68 Vishakha Agarwal, Brandynn Holgate, Randy Albelda, Caitlin Carey, and Susan R. Crandall, "Cliff Effect Simulations for Families in Suffolk County, Massachusetts: Exploring the Impact of Universal Childcare and Housing Assistance," policy brief, Center for Social Policy McCormack Graduate School for Policy and Global Studies, October 30, 2018.

69 Dhaval M. Dave, Hope Corman, and Nancy E. Reichman, "Effects of Welfare Reform on Education Acquisition of Adult Women," *Journal of Labor Research* 33, no. 2 (2012).

70 Pamela J. Loprest, *How Has the TANF Caseload Changed over Time?* (Washington, DC: Urban Institute, 2012).

71 Kathryn J. Edin and H. Luke Shaefer, "20 Years Since Welfare 'Reform,'" *Atlantic*, August 22, 2016.

72 Robert A. Moffitt, *From Welfare to Work: What the Evidence Shows* (Washington, DC: Brookings Institution, 2002).

73 "2020 Estimated Improper Payment Rates for Centers for Medicare & Medicaid Services (CMS) Programs," *Centers for Medicare and Medicaid Services* online, November 16, 2020, www.cms.gov/newsroom/fact-sheets/2020-estimated-improper-payment-rates-centers-medicare-medicaid-services-cms-programs.

74 Linda Carroll, "Even in the U.S., Poor Women Often Can't Afford Tampons, Pads," *Reuters* online, January 10, 2019, www.reuters.com/article/us-health-menstruation-usa/even-in-the-u-s-poor-women-often-cant-afford-tampons-pads-idUSKCN1P42TX.

第七章 我们被困在原地

75 Barbara Gault, Tessa Holtzman, and Lindsey Reichlin Cruse, *Understanding the Student Parent Experience: The Need for Improved Data Collection on Parent Status in Higher Education* (Washington, DC: Institute for Women's Policy Research, 2020).

76 David Radwin et al., *2022-12 National Postsecondary Student Aid Study* (Washington, DC: National Center for Education Statistics, 2013).

77 Amanda L. Freeman, "Moving 'Up and Out' Together: Exploring the Mother-Child Bond in Low-Income, Single-Mother-Headed Families,"

Journal of Marriage and Family 79, no. 3 (2016).

78 Eleanor Eckerson et al., *Child Care for Parents in College: A State-by-State Assessment* (Washington, DC: Institute for Women's Policy Research, 2016).

79 Emma Whitford, "'Time Poverty' of Students Who Are Parents," *Inside Higher Ed* online, October 2, 2018, www.insidehighered.com/news/2018/10/02/student-parents-complete-degrees-more-slowly-drop-out-due-time-poverty.

80 Amanda Freeman, "The Winding Path to Degree: Obstacles to Higher Education for Low-Income Single Mothers," *Journal of Women and Gender in High Education* 13, no. 3 (2020); Rachel Karp, *Why We Should Invest in Single Mothers' Higher Education* (Washington, DC: Institute for Women's Policy Research, 2018).

81 Amanda Freeman, "Colleges Aren't Very Kid-Friendly," *Atlantic*, October 13, 2016.

82 Institute for Women's Policy Research, *Women Gain Jobs in Con- struction Trades but Remain Underrepresented in the Field* (Washington DC: Institute for Women's Policy Research, 2019).

83 "Single Parenting and Today's Family," *American Psychological Association* online, October 31, 2019, www.apa.org/topics/parenting/single-parent.

第八章 号召我们共同前进

84 Alyssa Fowers and Shelly Tan, "The New Sick Leave Law Doesn't Help the Workers That Need It Most," *Washington Post*, March 19, 2020.

85 Molly Kinder and Laura Stateler, *Amazon and Walmart Have Raked in Billions in Additional Profits During the Pandemic, and Shared Almost None of It with Their Workers* (Washington, DC: Brookings Institution, 2020), www.brookings.edu/blog/the-avenue/2020/12/22/amazon-and-walmart-have-raked-in-billions-in-additional-profits-during-the-pandemic-and-shared-almost-none-of-it-with-their-workers.

86 Adie Tomer and Joseph W. Kane, *To Protect Frontline Workers During and After COVID-19, We Must Define Who They Are* (Washington, DC: Brookings Institution, 2020), www.brookings.edu/research/to-protect-frontline-workers-during-and-after-covid-19-we-must-define-

who-they-are.
87 Daniel Flaming, Peter Dreier, Patrick Burns, and Aaron Danielson, *Hungry at the Table: White Paper on Grocery Workers at the Kroger Company* (Los Angeles, CA: Economic Roundtable, 2022).
88 Guy Maddalone, "Advising Clients Hiring Household Help During the Coronavirus Pandemic," *Accounting Today* online, July 14, 2020, www.accountingtoday.com/opinion/advising-clients-hiring-household-help-during-the-coronavirus-pandemic.
89 Alana Samuels, "The Epicenter of American Inequality," *Atlantic*, September 23, 2016